人を動かす
火事場の鉄則

FIRST IN, LAST OUT

LEADERSHIP LESSONS FROM THE NEW YORK FIRE DEPARTMENT

ジョン・サルカ
JOHN SALKA
バレット・ネヴィル
BARRET NEVILLE

甲斐理恵子訳
道幸武久監修

講談社

監修者まえがき　火事場のリーダーシップ

私はこれまでに3冊の著書を出していますが、次はぜひ海外の優秀なリーダーが書いたリーダーシップの本を日本に紹介したい。それも、できることなら日本のビジネスマン向けに、私なりの解説を加えたコラボレーションとして出版したいと考えていたところ、アメリカに留学中のスタッフが探してくれたのが、『First In, Last Out（真っ先に飛び込み、最後まで残れ）』でした。ワクワクしながらページをめくった私は、読み始めてすぐに、自分の予感が正しかったことを確信しました。そして、一気に読み終えたときには、私は〈ニューヨーク市消防局に学ぶリーダーシップ・レッスン〉というサブタイトルがついたこの本を日本で出すことを決めていました。

この本にはこれまでのリーダーシップ論にはない、消防士という常に命の危険を伴った環境で働く者ならではの真摯《しんし》な視点が数多く盛り込まれていました。

著者の経歴を見て、私は強い衝撃を受けました。著者の名はジョン・サルカ。2001年に起きた9・11同時多発テロの際、ワールド・トレード・センターで消火と救助に当たったニューヨーク市消防局のリーダーを務めた人物だったのです。あの悲劇は、炎上するビルに果敢に突入していった消防士たちの勇姿とともに、今も鮮烈な記憶を私たちの脳裏に刻んでいます。

なぜあれほどの極限状態の中で、消防士たちは冷静さを保ち、使命に邁進《まいしん》することができたのか。多くの人が抱いたその疑問の答えが、この本には記されていました。

隊員の心から恐怖を取り除き、彼らをミッションに集中させたのは、ニューヨーク市消防局で受け継がれてきた**優れたリーダーシップ**だったのです。

リーダーシップとは、組織を率いる力です。最高のリーダーシップが存在する組織は最高のパフォーマンスを得ることができる。彼らが極限的な状況下で見せたパフォーマンスは、まさに優れたリーダーシップの賜《たまもの》だったのです。

ジョン・サルカの説く「最高のリーダーシップ」とは、一言でいうなら**率先垂範**《そっせんすいはん》です。

この言葉自体は目新しいものではありませんが、彼のリーダーシップ論には、率先垂範という目に見える部分のリーダーシップを支える基礎、とくに「自己の感情のコントロール」や「部下との相互コミュニケーションのとり方」など、他のリーダーシップ論にはない視点と奥深さがあります。

火事場という常に命の危険を伴う極限的な環境において、率先垂範とは、原題にある通り「真っ先に飛び込み、最後まで残る」ことです。

私たちのビジネスの世界では、失敗したとしてもそれが死に直結するようなことはまずありません。しかし、**消防士にとっての失敗は、自分または部下の死を意味します。**そうした過酷な環境で培《つちか》われてきたリーダーシップに、私たちビジネスマンが学ぶべきことはたくさんあります。

私は現在、社員30人を率いるオーナー社長であり、サラリーマン時代にはスタッフ３００人を率いた経験を持ちます。また、コンサルティングという仕事柄、さまざまな場所のさまざまなリーダーたちにも数多く接してきました。そうした経験を生かし、この本から学んだことを、よりビジネスに役立てるものとするために、解説とともに持論も加えたのが本書です。

リーダーシップというと、社長や役員、あるいは部下を持つ立場の人に必要な能力だと思われがちですが、私はそうは思いません。自分のミッションに忠実に従い、本気で取り組んでいる人はすべてリーダーです。人が2人以上集まりチームができたら、リーダーは必ず生まれます。いえ、たとえ自分だけでも、持てる能力を引き出し最高のパフォーマンスを発揮するためには、自分が自分のリーダーにならなければなりません。

つまり、**すべての人にとってリーダーシップは必要なのです。**

本書は奇数章の原作部分だけ先に読んでいただいても、1章ごとに私の解説（偶数章）を交え深く読んでいただいてもいいように作られています。原作部分は、いくつものステップやポイントにまとめられているので、応用していただけることもたくさんあると思います。

この本が、手にとってくださったあなたのリーダーシップを引き出し、最大の成果をあげる助けとなることを心から願っています。

道幸《どうこう》武久《たけひさ》

人を動かす　火事場の鉄則◎目次

第3章　リーダーの3つの責務

第4章　理想のリーダー像（道幸）

第5章　部下をどう動かすか

第6章　成功する組織、失敗する組織（道幸）

第10章　部下に任せる（道幸）

人を動かす　火事場の鉄則

第1章　指揮官はあなただ

「真っ先に飛び込み、最後まで残れ」

これはＦＤＮＹ（The Fire Department of the City of New York　ニューヨーク市消防局）のリーダーシップの掟《おきて》だ。他のリーダーシップの原則と同じように、単純な概念だが実行するのは難しい。ＦＤＮＹでは、小隊長や中隊長は、どんな火事でも最初に突入し最後に引き上げることになっている。仲間の隊員に危険を冒すことを求める以上、同じ危険を自分も冒すのが当然と考えるからだ。命がけの任務を果たす指揮官と隊員の間にあるのは、この神聖な信頼関係にほかならない。

私が本当の意味でこのことを学んだのは、ＦＤＮＹの第11はしご隊で、1番下っ端を意味する「プロービー」と呼ばれていたときのことだった。1番下っ端にもかかわらず、当時の私は消防士としての仕事にも慣れ、どんどん仕事がうまくなってきているという実感もあり、自分の手に負えないような火事などないと思い込んでいた。

事件の発生を告げる電話は、昼間の勤務中にかかってきた。

現場は、イーストリバーに近い14番ストリートにある電力会社、コン・エジソン社の建物だった。現場にはすでに多くの部隊が到着しており、第3はしご隊に続いて現場に到着した私たちは、彼らの援護につくことになった。

ニューヨークの大半の消防署には2つの部隊がある。「ポンプ隊」と「はしご隊」だ。ポンプ隊は消火栓までホースを運んで水を汲《く》みあげ、ホースを伸ばして現場へ入り込み、1分間に300ガロンという猛烈な勢いの水で火を消す。はしご隊はドアをこじ開け、窓を割り、屋根を壊して捜索救助活動をする。この2つの部隊は互いの仕事を完璧に補完しあう。一致団結して、炎を相手に首尾よく重大な任務を成し遂げるのだ。

到着して最初に目を奪われたのは、建物の大きさだった。その発電所はとてつもなく巨大だった。敷地は1ブロック全体を占め、その敷地を取り囲むように高く厚い壁がそびえ立っている。窓はほとんどなく、真下から見上げると、切り立ったコンクリート壁と空しか見えなかった。だが、現場を目の前にしながら私たちは待機を余儀なくされた。建物内に異状があることは明らかなのに、事態が把握できなかったのだ。

通常の火事では（そんな火事が存在するならばだが）、消防部隊は現場に到着すると速やかに担当エリアでの消火活動にとりかかる。担当エリアの割り振りはあらかじめ決まっている。消防車で移動中に必要事項はすべて隊員全員に伝達されているからだ。

しかし、その時点ではコン・エジソン社の発電所消火の作戦は立てられていなかった。

私たちは援護役だったので、隊長たちが事態を把握して作戦を立てるまで待機していた。チーフは同社の関係者に話を聞き、消防隊員を建物の中に送りこむ前にできるだけ情報を集めようとしていた。同時に、ポンプ隊は消火栓にホースを接続し、はしご隊は建物へ近づくためにはしご車を配置していた。隊長も隊員も、いつでも消火活動にとりかかれるように道具類、酸素ボンベ、無線装置などを装備していた。

現場は異様な緊張感に包まれていたが、ようやくこの特殊な火事の正体が判明した。火災の正体は、「水素火災」と呼ばれる、炎が見えない珍しいタイプの火事だった。私はもちろん、隊員のほとんどが経験したことがないきわめて特殊な火災である。

みないらだっていた。経験したことのない火事ほど隊員をピリピリさせるものはない。とはいえ私たちは、見えない炎と戦わなければならなかった。

炎は見えなくても、大火災につきものの炸裂音《さくれつおん》や腹に響く轟音が私たちの耳にははっきりと聞こえていた。突きさすような熱に襲われながら近づくと、その真ん中に、目指す円筒形のタンクらしき姿がぼんやりと見えた。取り囲む炎で過熱状態になったタンクの中身が、すさまじい音をたてている。それは耳をつんざくようなかん高い音で、聞いたとたんに逃げ出したくなるほどだった。

そのとき他の隊員たちが何を考え何を感じていたのか、正確にはわからない。だが、うなりをあげるオレンジ色の竜巻を見たときに私が受けた衝撃の正体はわかっていた。それは「恐怖」だった。それもかつて体験したことのないほどの恐怖だった。冷たくとぐろを巻く恐怖に、私は息をすることさえ忘れて立ちすくんでいた。

そのとき小隊長が振り向き、私たち1人ひとりの目を見つめて、たった一言「ついて来い」と言った。小隊長はそれだけ口にするときびすを返し、私たちがついて来ているか確かめようともせず、まっすぐ火の海に向かって進んでいった。

その瞬間、それまで何度となく聞いていた真っ先に飛び込み、最後まで残れという短い言葉の中に、誠実さ、責務、集中力、熱意というリーダーシップの条件となる資質がすべて含まれていることを実感した。

もちろん私たちはすぐに小隊長のあとを追った。

目標達成が可能な組織とは

社会において組織は常に、さまざまな目標を達成するための最良の手段である。営利団体も非営利団体も、政府組織も、どんな組織であれ「組織」というものはすべて、個人の努力では成し得ないような目標を達成するために存在している。

現代マネージメントの父と呼ばれるピーター・ドラッカーは、組織を「社会の臓器」と称したが、まさしくその通りだと思う。組織は自己満足のためではなく、それが所属する社会に貢献するために作られるのだ。

ＦＤＮＹも、その点においては例外ではない。ＦＤＮＹの総勢は、消防隊員８５９９人、隊長２６２９人、ポンプ隊２０３隊、はしご隊１４３隊、機動救助隊７隊、特別救助隊５隊、水難救助隊３隊、危険物処理隊１隊という大所帯だった。

この数字は、ＦＤＮＹが強い組織であることを表しており、そのことをＦＤＮＹが誇りに思っていることも私は知っている。

しかし私が惹《ひ》かれるのは、これとは異なるもう1組の数字だ。それは、私たちが日々守っている範囲である、マンハッタン、ブルックリン、クイーンズ、ブロンクス、スタッテン島を表す８００平方キロメートルという面積と、そこで暮らす市民を示す８００万人という数字だ。

この数字は、私に自分たちＦＤＮＹが守っている大都会に暮らす人々に対する責任を常に思い起こさせてくれる。ニューヨークとは、観光客が好んで行く場所だけを指しているのではない、ぎっしりと並ぶ超高層ビル、マンション、波止場、倉庫群、工業コンビナート、そして民家、そのすべてがＦＤＮＹにとっての「ニューヨーク」なのだと。

さらに、この2組の数字を比べてみると、強大な組織を示していたはずの数字が、「８００万人、８００平方キロ」というもう1組の数字に対してあまりにも不釣り合いであることに気づく。世界有数の大都会の安全を担うには、ＦＤＮＹという組織は小さい組織だということだ。

だがその事実は、ＦＤＮＹの実績のすばらしさと、ＦＤＮＹに対する誇りを感じさせてくれるものでもある。なぜなら、それは組織を機能させるもっとも重要なもの、つまり「リーダーシップ」がＦＤＮＹに存在していることを示しているからだ。

私は、第11はしご隊の下っ端だったあの日から今日に至る約20年間、異なるタイプのリーダーシップにふれてきた。そして、幸いなことに自分自身が成長するチャンスにも恵まれ、最初は小隊長、次は中隊長、そして最後にはブロンクスの第28大隊の隊長にまでなった。

あのとき恐怖に立ちすくんでいたブロービーが、１５０人の隊員と数えきれないほどの市民の命を預かるリーダーになったのだ。

ここに至るまでの間に、私はさまざまなことを経験し、そこから多くのことを学んだ。小隊長・中隊長といった伝統的かつ階級的なリーダーの役割を果たしたほかにも、消防学校で教壇に立ったり、変化の激しい現場の仕事に隊員たちが適応できるように、特別な訓練プログラムの開発にたずさわったりもした。新たにできた特殊司令部の初代援護部隊の１人にも選ばれた。９・11の〝グラウンド・ゼロ〟での救援活動にも参加した。こうした経験を通して、多くの異なるタイプのリーダーシップを学べたことはとても光栄だと思っている。

しかし、私にとってもっとも大きな収穫だったのは、**ＦＤＮＹの指揮官がどのように部下を率いているのかを観察できたこと**だ。この20年間、その勇気、名誉、そして献身によって私を鼓舞してくれた人々から、私は「リーダーシップ」を学んできたのだ。

私はＦＤＮＹでリーダーシップを学んだ。しかし、消防士だけが「リーダーシップ」の秘密の教義のようなものを持っているわけではない。どんな業界や組織においても、注目に値するリーダーシップの例は見つかる。なぜなら、優秀なリーダーなら、どこにいようと、目標達成のためには同じ原則と戦略を利用するはずだからだ。

成功する企業を作るリーダーシップは、非営利団体をより建設的にし、国をより活動的にし、軍隊をより強力にすることもできる。病院の治療効果を上げたり、教師をより魅力的にすることもできる。

つまり**リーダーシップとは、組織の仕事効率を上げるものであると同時に、目標達成のカギとなる刺激なのだ。**

組織にはリーダーが必要だ

リーダーシップのない組織は、統一された活動目的も秩序ある使命もないままに仕事をし、異なる目標を追求し、ときには相反する方向へ迷走してしまう、ただのまとまりのないグループになってしまう。

「リーダーは共通の価値や目標を通じてグループをまとめ、一致団結して目標達成するよう手助けする」

これは私の個人的な定義なので異論もあるだろうが、要約すれば多くのリーダーシップ論で言われていることと同じことだ。

リーダーシップは、人を導き指導し、仕事の優先順位《プライオリティ》と方向を定め、部下を教え成長させる。
リーダーシップは、情報を処理し、有効活用できるようにする。
リーダーシップは、戦略を練り計画を立て、未来を予見し夢を描く。

要は、リーダーシップが組織を動かすということだ。

こうした私の基本姿勢は今も変わっていない。しかし、私はある時期から、自分の定義に違和感を感じるようになっていった。なぜなら、私の「リーダーは共通の価値や目標を通じてグループをまとめ、一致団結して目標達成するよう手助けする」という定義では、エンロン社（最盛期には、全米売上第7位、従業員数2万人強の大企業だったが、巨額の不正経理・不正取引が明るみに出て、2001年12月に破綻に追い込まれた）の元CEOだったケネス・レイのような人物でさえリーダーだということになってしまうからだ。

ケネス・レイは、手段を選ばず金を稼ぐという「共通の目標」のもと、エンロン社員を「一致団結」させ、目標達成のためなら何をしても許されるという、何でもありの価値体系を確立し、「目標達成するよう手助け」した。つまり、私の定義では、誰かが部下を使って共通の目標を達成することに成功したら、たとえそれがどんなことであっても、その人はリーダーだということになってしまうのである。

私の感じた違和感が正しければ、リーダーシップとは、他人を使って目標を達成するだけではない何かということになる。

真のリーダーシップを手にするためには、私は、自分の心の引っかかりを取り除く言い方を考え出さなければならなかった。

そこで参考にしたのが、「すべての組織は社会貢献のために存在する。それゆえにリーダーは組織の社会的影響と社会的責任を考慮しなければならない」というドラッカーの考え方だった。

私はこの考え方を出発点として、私なりの偉大なリーダーを作り出す方法を考え出した。

それは次のようなものである。

あなたが真のリーダーになりたいのなら、あなたは組織の利益のために部下を動かして共に働くだけでなく、株主や従業員はもちろん、顧客やあなたの行動によって影響を受けるかもしれないより大きな共同体に至るまで、組織が接触する「すべての人々の目標や価値」を考慮に入れ、行動することだ。

これはとても大きな責任である。しかし、大切なのはそれを完璧にできるかどうかということではない。あなたがリーダーの責任を「これほど大きな責任」だと理解したうえで、それを果たすよう懸命に努力するということが大切なのである。

誰でもリーダーになれる

私は第11はしご隊の下っ端だったあの日から、実体験と文献をもとにリーダーシップについてずっと考えてきた。その後昇進すると、部下を効果的に指導する方法についてあらゆることを知りたいという私の願望（必要性）が、さらなる学習を要求した。

私は「完璧」なリーダーには決してなれないと思っているので、日頃からできるだけ多くのリーダーシップに関する本を読もうと努力している。書店のビジネス書のコーナーをうろうろし、新刊本が出るとすぐに手に取る。そこにはたいていの場合、新しい発見や忘れかけていた大切なことを思い出させてくれるものがあるのでがっかりすることはないが、読んでいてイライラすることが1つだけある。

それは、こうした本の多くが、読者をCEOか、いずれはCEOになる人と決めてかかっているという点だ。さらに、ゼネラル・エレクトリック社のジャック・ウェルチ、デル社のマイケル・デル、マイクロソフト社のビル・ゲイツ、歴史をさかのぼるならインド建国の父ガンジー、第2次大戦で活躍した軍人ジョージ・パットン、第16代大統領エイブラハム・リンカーンなど、優れたリーダーは世界にほんの一握り（しかもなぜか男性ばかり）しか存在しないと考えている点も気に入らない。

確かに彼らは偉大なリーダーである。そのことは私も十分に認めている。彼らがいかに困難な状況の中で部下を指揮したのかを調べたら、学ぶべきことは山ほどあるにちがいない。

しかしだからといって、生産性を2倍にする方法を見つけたヒューストンの女性部長や、経費節減対策でトップを走るチームを率いるサクラメントの部長、どんなに大きく危険な任務でも遂行する術を知っているわがＦＤＮＹの署長の話を聞こうとしないのは、やはり何か大切なものを見落としているのではないだろうか。

請け合ってもいいが、たとえ名前は知られていなくてもそういう立派なリーダーは、どんな組織にも必ず存在しているはずだ。彼らはＣＥＯをはじめとする最高経営責任者たちとは違う。市井《しせい》のリーダーには戦略を立てたり、組織を再建したり、新世紀に組織を導くような真新しいビジョンを実践するための権限はないからだ。しかし、彼らもまた、ＣＥＯと同じように、リーダーの基本的な役割を立派に果たしているのだ。それは４つのポイントにまとめることができる。

①部下を指揮し、共通の目標へ向かって努力させる。
②組織の伝統、文化、価値に影響を与え、共通の目標のために部下を１つにまとめる。
③指導と助言によって、部下の成長と向上を助ける。
④目標、優先事項、期待をはっきり伝えあうための下地となる人間関係を部下との間に築く。

現場責任者から企業のＣＥＯまで、あらゆるレベルのリーダーに役立つ実用的なリーダーシップ論にしたいと思って、私はこの本を書いた。なぜなら、それこそが、私自身がずっと読みたいと願っていたリーダーシップの本だからだ。

本書を読めば、新しいリーダーシップ像が発見でき、既存のリーダーシップに関する原則も新鮮に見えてくるだろう。さらに、「部下にしてほしいと思っていることをしてもらうには、どうしたらいいか」「目標通りのことをするには、どうしたらいいか」「目標通りのことができているか確認するためには、どうしたらいいか」「部下の能力を最大限に引き出すには、どうしたらいいか」という、リーダーシップに関する根本的な課題への具体的な答えも見つかるだろう。

確かに、本書に記したFDNYの物語は、1つの組織の物語にすぎない。だがその組織は、驚くべきリーダーシップの伝統のおかげで、どんな難問にも対処し、克服し続けてきた組織なのだ。

本書の基本となっている、**真っ先に飛び込み、最後まで残れ**というFDNYのリーダーシップの礎には、信頼関係を築く、意思伝達をする、透明性を強調する、部下とともに働くといったリーダーシップにおける重要なことがすべて網羅されている。

あなたが小さな店のオーナーでも、大企業のCEOでも、現場責任者でも最高幹部でも、このFDNYとそのリーダーたちの実例が、リーダーシップをめぐる旅の途上にいるあなたを鼓舞し、あなたを真のリーダーシップに導いてくれることを私は信じている。

なぜなら、あなたは知らないかもしれないが、あなたには前向きな変化を起こす力があるからだ。たとえそれがあなただけの特別な「消防署」であったとしても、あなたにはその力があり、そこではあなたが「指揮官」だということを覚えておいてほしい。

指揮官はあなただ！

第2章　リーダーの役割（道幸）

第1章冒頭で著者のサルカは、「真っ先に飛び込み、最後まで残れ」というFDNYのリーダーシップの掟を引用し、FDNYで優れたリーダーシップが機能しているのは、この掟によって指揮官と隊員の間に「神聖な信頼関係」が培われているからだ、と述べています。

つまり、リーダーは後ろから采配《さいはい》を振るい部下を動かすのではなく、自ら前線に立って模範を示すことで、部下が自ら使命に立ち向かっていくようにすべきだというのが、サルカの、そしてFDNYのリーダーシップの基本です。

第1章でサルカは、彼自身がリーダーとして成長する過程で問い続けた「リーダーシップとは何か」「優れたリーダーとはどのようなものか」という問いに対する答えを、次のような言葉にしています。

あなたが真のリーダーになりたいのなら、あなたは組織の利益のために部下を動かして共に働くだけでなく、株主や従業員はもちろん、顧客やあなたの行動によって影響を受けるかもしれないより大きな共同体に至るまで、組織が接触する「すべての人々の目標や価値」を考慮に入れ、行動することだ。

そして、彼が理想のリーダーシップを追い求める過程で出会った多くの、そしてさまざまな立場のリーダーたちから学んだ、「リーダーが果たすべき基本的な役割」を4つのポイント（21ページ参照）にまとめています。

この4つのポイントは、章の最後に簡潔にまとめられているだけですが、ビジネスではとても重要なところなので、それぞれの役割を果たすためにはどうすればいいのかということについて、具体的な例を挙げながら、もう少し詳しく説明しておきたいと思います。

明確なゴールを設定する

①部下を指揮し、共通の目標へ向かって努力させる

別の言い方をすれば、共通の目標というゴールを設定し、そこへ向かわせるということです。

消防士である著者が、目標設定について詳しく触れていないのは、FDNYの場合、最初から「火を消す」という明確なゴールが決まっているからです。

しかし、一般の企業の場合、ゴールは必ずしも明確ではありません。むしろゴールが明確でない企業のほうが多いのではないでしょうか。

実際、私はコンサルタントという仕事柄、さまざまな会社を見ていますが、会社共通のゴール、部署共通のゴールを持っていない会社はとてもたくさんあります。また、会社としてのゴー

ルが明確に打ち出されている場合でも、それがスタッフ1人ひとり浸透していないケースもよく目にします。社長が「今年は売上○億円を目指すぞ！」と目標を掲げているのに、社員たちは「ふーん、そうなんだ」と、まるで他人事のように聞き流してしまっている状態がほとんどです。

目的や目標、ゴールとは、1人ひとりがそれをきちんと自分のものとして初めて力を発揮します。私は以前、師から**ゴールとは恋人のようなものだ**と言われたことがあります。これは、ゴールとは必死に追い求めずにはいられないほど魅力的なものでなければならないという意味です。

こうしたゴールの性質を理解すると、なぜスタッフが会社の目標を自分のゴールにすることができないのかわかってきます。社長や上司が掲げる目標がゴールになり得ないのは、それが魂のこもっていない単なる「ノルマ」になってしまっているからです。

ノルマを押しつけられるのは誰だってイヤです。

では、どうすれば魅力的なゴールを設定することができるのでしょう？

ゴール設定の仕方は、立場によっても異なります。もしあなたが会社のトップなら、まずは、自らの経営理念や夢といった「魂」を込めたゴールを設定することが必要です。

昨年私は、ワタミ株式会社の社長、渡邉美樹《わたなべみき》氏とジョイント・セミナーを開催し、そのときさまざまな話をうかがいました。やはり結果の出ている会社というのは、トップが魂を込めた明確なゴールを持っているのだ、ということを痛感しました。

現在の渡邉氏のゴールは、「1兆円企業になること」だと言います。

しかし、いくらトップが明確で魂を込めたゴールを設定しても、それがスタッフ1人ひとりに落とし込まれなければ結果にはつながりません。

ワタミは、渡邉社長が佐川急便でセールスドライバーをして貯めた300万円を資本に起こした居酒屋からスタートし、現在では外食産業のみならず介護や教育、農業や環境と事業を着実に拡大、創業から21年目に当たる2006年、ついに1000億円企業に成長しました。そこで出てきた「1兆円企業」というゴールは、単に売上を伸ばして会社を大きくするためのものではないと渡邉氏は言いました。

「私は、地球で1番『ありがとう』をもらえる会社にしたいのです」

こうした渡邉氏の想いを込めた魂とともに伝えられるから、「1兆円企業になる」というゴールがスタッフに落とし込まれていくわけです。

トップの人は、魂を込めたゴールが設定できたら、単にゴールを伝えるだけでなく、そこには自分のどんな思いが込められているのか、スタッフにきちんと伝えることが大切なのです。

自分は中間管理職だから、会社のゴール設定には関われない。上から言われたことを、部下に強いるしかないんだ、という人も中にはいるでしょう。

でも、上から下りてきたものに魂が込められていなければ、自分が魂を込めればいいのです。自分が率いる部や課に課せられた目標に対して、あなたの仕事に対する思いを込め、ゴールを作り直し、それをスタッフに伝えていくということです。

ミッション・ステートメントの共有

では、魂を込めるというのは、具体的にどうすればいいのでしょう?

サルカは「共通の目標ならどんなものでもいいのか」という疑問を感じ、悩んだ末に、「すべての組織は社会貢献のために存在する」というドラッカーの考え方を受け入れるようになっていきます。

私もこの考え方に賛成です。

組織は部であっても課であっても、もちろん会社全体であっても、すべて社会組織だと言えます。だからこそ、自分たちの組織は社会にどのような貢献をするのかと考え、その答えを共通の目標として組織のスタッフ全員が共有することが大切なのです。

先ほどワタミの渡邉氏が「地球で1番『ありがとう』をもらえる会社にしたい」と話しておられたことを述べましたが、そこに至るまでには、やはり深い研鑽《けんさん》があったと聞きます。

渡邉氏が研究したのは、どうすれば会社は潰れないのか、ということでした。そして、倒産した会社を片っ端から調べ、彼がたどり着いた答えは、**お客様の利益を究極に追求したら会社は潰れない**ということでした。

会社はついつい粗利《あらり》がいくらだとか、販売数や売上高、顧客数などに注目しがちですが、本当に大切なのはそうしたものではなく、お客様のベネフィット（利益）にフォーカスすることだと気づいたのです。

企業はお客様から利益をもらう営利団体です。では、なぜ利益をもらえるのでしょう。それは、単に商品やサービスを提供するからではなく、その提供したものに満足していただけたからです。これは別の言い方をすれば、お客様にフォーカスして、商品やサービスに満足してもらえなければ利益はもらえないということです。

つまり、企業にとっては、お客様のベネフィットにフォーカスすることが、イコール社会貢献であり、企業を潰さない唯一の方法だということです。

お客様のベネフィットにフォーカスすると言っても、そこには競合他社がいますから、その分野においてより選ばれる存在にならなければなりません。そのためには、リーダーが、自分たちはどういうかたちでお客様のベネフィットを追求するのかということを、「明確な言葉」つまり文章にして持つことが大切です。

これを**ミッション・ステートメント**と言います。このミッション・ステートメントこそ、魂の込められた共通の目標になりうるものだと私は思います。

リーダーは、ミッション・ステートメントをチームのメンバーと共有し、最低でも週に1回、できれば毎日でもみんなで読み、自分たちは何のために、そして何によって社会に貢献するのかということを意識に刷り込んでいくようにしてください。

スタッフ全員が「わが社のミッション・ステートメントは○○」と、語れるようになれば結果は自ずとついてくるようになるでしょう。

全体と個人のゴールを統合する

上から下りてきたゴールを伝える場合でも、自分が設定したゴールを伝える場合でも、リーダーがスタッフにゴールを伝える際にぜひ実行してほしいのが、組織全体の目標と個人の目標の統合調和に時間をかけるということです。

リーダーは、スタッフ1人ひとりが、全体の目標を達成させたいと思い、そのために自分個人のゴールを達成したいと思えるところに持っていかなければなりません。そのためには、自分がその目標を達成したとき、そして会社全体が目標を達成したときに、自分は何が得られるのかということを伝えて納得してもらう必要があります。そのセットアップにかかる時間を惜しんではいけないということです。

たとえば、上から、部全体で売上300万円というゴールが設定されたとしましょう。たいていのリーダーは、「おまえはキャリアがあるから150万、おまえは中堅だから100万、おまえはまだ新人だから50万でいい」というように、個人のゴールを数字で割り振ります。

このときただ「やれ」と命じるだけでは、部下は力を発揮できません。数字がノルマにしかならないからです。

ゴールは恋人でなければなりません。 自分がその目標を達成したときに得られるものが明確であり、なおかつそれが恋人のように魅力的なものであれば、人は放っておいても必死にゴールに向かって突き進みます。

全体のゴールを個人のゴールと統合調和させることで、ゴールに魅力を持たせる方法はいろいろあります。

自分のスキルや能力の向上を目指している部下なら、この目標を達成したとき、自分がどれだけ成長できるのかということを明確にするといいでしょう。ほかにも、目標達成したときには新規のプロジェクトを任せたり、有給休暇やボーナスの査定に反映させるという方法でゴールに魅力を持たせることもできます。

ただし、ここで注意しなければならないのは、人が魅力を感じるものは、それぞれ違うということです。ゴールが恋人であるなら、スレンダーな美人に魅力を感じる人もいれば、ふくよかでかわいいタイプに魅力を感じる人もいるということです。

部下が何に魅力を感じるのか理解するためには、まずリーダー自身が会社の目標と個人の目標を統合調和できていることが必要です。

まずリーダー自身が、自分の目標を設定し、それを会社の目標と統合調和させ、**ワクワクした気持ちで仕事に取り組めるようにする**のです。自分は何をして、どういう成果を出せば個人としてもっとも満足でき、同時に自分の属する部署を満足させ、会社を満足させ、株主をも満足させることができるのか。自分自身についてこれができていなければ、とても部下を導くことはできないからです。

これは、あなたがまだ部下を持たない立場だとしても、リーダーシップを身につけるために、ぜひ取り組んでいただきたい課題です。会社も上司も魂を込めたゴールを設定できなくても、優秀な人材は、自らの魂を込めた明確なゴールに設定し直し、それに向かって邁進していきます。

組織の上から下りてきたノルマを、ワクワクできるものに作り替えるなんて不可能だ、と思う人もいるでしょう。私もサラリーマン経験があるので、その気持ちはよくわかります。しかし、それでもあえて、無理矢理にでも「ワクワク」を作らなければなりません。恋人を思うようなワクワク感がないと、目標は決して達成できないからです。

歴史と文化を伝えることの意味

②組織の伝統、文化、価値に影響を与え、共通の目標のために部下を1つにまとめる

人に歴史ありと言いますが、組織にも歴史があります。会社であれば、この会社はどのようにして創業されたのか、どのようなときに繁栄し、どういう危機を乗り越えて今があるのか。こうした歴史を知ることは、創業者や経営者の歴史を知ることにもつながり、歴史の長い会社であれば創業者だけではなく、伊藤忠商事の瀬島龍三《せじまりゅうぞう》氏のように、小説のモデルになるほどのドラマを持った人物がいたことに気づくかもしれません。

組織の歴史を理解していくと、自然とその組織を愛する気持ち、会社であれば愛社精神が生まれてきます。なかには「俺も瀬島龍三氏のように会社を変革していこう」というように、新たな目標を歴史から見いだす人もいるでしょう。つまり、**歴史を理解することが、自分の組織、自分の仕事にプライドを持つことにつながるのです。**

歴史以上に大きな影響力を持つのが、組織の文化です。文化というと大げさに聞こえますが、その組織ならではのこだわりや特色によって作り出される「世界観」といえるものです。

たとえば、ディズニーランドには、ディズニーランドにしかない世界観や雰囲気があります。そして社員でもお客様でも、人々はそれを感じ、その世界観に惹かれて集まってきます。それが「文化」です。

文化によって組織は大きく変わります。

それでは、文化を作り替えたことによって、企業を再建、急成長させたセムコ社の例をご紹介しましょう。最近、『セムラーイズム』が文庫本で復刊され、再び注目を集めているのでご存じの方もあるかと思いますが、セムコ社はブラジルの企業です。

私は大学時代にブラジルに留学していましたが、セムコ社は当時すでに学生の間では就職ランキング1位、『セムラーイズム』の著者であるセムコ社のCEOリカルド・セムラー氏は、伝説的な経営者として知られ、ハーバード大学やマサチューセッツ工科大学などでMBAの講師を務めていました。

セムラー氏が父親から経営を受け継いだのは21歳のとき。そのときセムコ社は経営不振で倒産の怖れさえありました。何か抜本的な対策を講じなければ、会社に未来はありませんでした。このとき、彼の選んだ道が、文化の刷新だったのです。

彼は、それまでの文化を払拭《ふっしょく》するために、ブラジルでは絶対に成功しないと誰もが考えていたやり方を導入しました。それは、タイムカードの廃止です。社員はいつ会社に来てもいいし、いつ帰ってもいい。

私も経験がありますが、ブラジル人というのは悪く言えば時間にルーズ、時間を守らないのが普通なのです。12時に待ち合わせをしたのに、12時に家を出たというような人がたくさんいました。そんなお国柄ですから、タイムカードがなければ従業員が勤務時間を守るはずがないと誰もが思っていたのです。

それだけではありません。セムラー氏は社員に多くの権限を与え、誰でも自由にやりたい仕事をプロジェクトとして立ち上げることができるようにしました。また社員の給与を大幅に引き上げ、なんとブラジルの平均給与の4倍もの高給を出したのです。

出社時間が自由で、仕事の内容も自由、その上高給を出したら、誰も働かなくなる。おおかたの経営者はそう噂していました。

しかし、現実は違いました。従業員にとっての好条件が揃ったことによって、多くの人材がセムコ社への入社を希望し、その結果、能力と意欲のある本当によい人材を採用することができるようになったからです。

セムラー氏の「組織は社員の幸せのために存在する」という思いが、時間にルーズな社員、やる気のない社員、能力のない社員が入り込めない「文化」を創り上げたのです。

いったんこうした文化が根付くと、採用の面接スタッフも、「一緒に仕事をしたい」「こういう仲間がほしい」という人材を選ぶようになるので、人選を誤ることがなくなります。間違ってやる気のない人が入社しても、周りとのギャップにいたたまれなくなって辞めてしまうのです。

文化にはこれほどの力があります。

しかし、歴史も文化も、人に伝えていくためには、まず自分自身がしっかりと理解しなければなりません。つまり、リーダーはここでも自らが率先垂範して、歴史を理解し、自らの仕事にプライドを持ち、文化を理解し、その文化を体現して見せる必要があるということです。

文化を創造し、言語化して伝える

『セムラーイズム』の例はとてもわかりやすいのでご紹介しましたが、実際には、これはとても極端な例だと言わざるをえません。CEOというトップの地位にあればこうした思い切った文化の刷新も不可能ではありませんが、多くのリーダーはそこまでの権限は持たないからです。

しかし、大きな権限がないからと言って、何もできないわけではありません。

自分の勢力範囲、たとえば自分の課や部などに、ちょっとした独自の世界観を作り出しているリーダーはたくさんいます。その世界観を、課や部に関わる人がハッピーになれるようなものに作り替えることはできるはずです。

文化というのは、雰囲気や環境として感じられるものなので、明確な言葉に置き換えるのは難しいのですが、文化を根付かせようと思うなら、やはり文化を「言語化する」ことが必要です。リーダーの独自な思いを言葉にし、その言葉をスタッフが共有することで世界観が組織に深く浸透していくからです。

たとえば、ワタミには「ミキイズム」と呼ばれる文化がありますが、それは、渡邉美樹社長の「冷凍食品は決して使わない」というたった1つのこだわりから生まれたものです。自分たちの手でその日に作ったものをお客様にお出しする。そのためにはどうすればいいのか。そう考えるところから企業文化が生まれ、お客様にも伝わり、社会に浸透し評価されるようになっていくのです。

カルチュア・コンビニエンス・クラブ、株式会社のTSUTAYAも、組織全体の文化を各セクションが独自の文化を創り上げることで成功した例と言えます。

TSUTAYAの文化は「文化創造企業」という言葉で表されています。主力事業であるビデオレンタルは、ブロードバンドの普及によって、1つの危機を迎えました。なにしろ、自分の家にいながらにして、いつでもパソコンで好きな映画や音楽が手軽にダウンロードできるのです。それなのに、わざわざ貸し出し中で借りられないかもしれないビデオを求めて店舗まで足を運ぶ人がいるでしょうか。

このままでは何千店もの店舗が潰れてしまう……。そんなときに、自社の強みを最大限に生かして創り上げたのが「文化創造企業」というコンセプトでした。

TSUTAYAは巷で人気のものを主力商品として扱うという定石を捨て、こだわりを持った商品を紹介し続けることに特化しました。

たとえば、フランス映画の特集を組むと、単にビデオを集めて並べるだけでなく、俳優や監督のデータ、文化的背景など、フランス映画をより楽しめるような情報を同時に発信するようにしたのです。TSUTAYA六本木店のように書店を併設している店舗も多いので、そうしたところでは、「異空間」を演出し、フランス映画に関する書籍の特集を展開し、フランス映画に興味を持った人が併設している書店へ行けば、より多くの、より深い情報を手に入れられるようにしたのです。

こうしたこだわりを持った特集は、映画だけでなくドラマや格闘技など、さまざまな分野で展開されました。そうすることによって、わざわざTSUTAYAに行かなければ味わえない楽しみが、TSUTAYAの文化として定着したのです。

このような事業展開を可能にしたのは、各店舗にいるその世界に詳しいスタッフでした。彼らが各特集のリーダーとなり、自分のこだわりの世界を提供していくことで、TSUTAYAは独自の文化を浸透させ、成功へとつなげたのです。

ワタミもTSUTAYAもコアにあるのは**小さなこだわり**です。

そのもっとも大切なこだわりを言語化してスタッフに伝えていくことが、組織に文化を生み出すリーダーシップだと私は思います。

環境作りはリーダーの役目

③指導と助言によって、部下の成長と向上を助ける

指導と助言というと、部下を管理することだと思ってしまうリーダーがいるのですが、それは間違いです。

ここで求められるのは、**上から与えることではなく、部下の中にあるものを引き出す技術、つまりコーチング**です。

最近はコーチングの本なども多数出ているので、ご存じの人も多いと思いますが、コーチングというのは、相手の中にある動機を、相手に質問しながら引き出し、その出てきたものに応じてアドバイスをしていくというものです。つまり、「こうやれ」「ああしろ」と、上からやり方を押

しつけるのではなく、相手が潜在的に求めているものを引き出し、それを自覚させたうえで、「そのためには、こうするといいよ」と、相手にあった導き方をするのです。

なぜコーチングが必要なのかというと、仕事をするうえでのモチベーションが不明確になってきているからです。昔は、仕事をするうえでのモチベーション、つまり「何のために働くのか」ということは明確でした。それは、「ごはんを食べるためと家を買うため」です。これはマズローの欲求5段階説に当てはめると、よくわかります。

欲求5段階説というのは、アメリカの心理学者アブラハム・マズローが唱えた説で、人間の欲求は5段階のピラミッド型になっており、常に底辺から始まり、1段階目の欲求が満たされると次の段階の欲求を満たすように要求は変化していく、というものです。

人間の欲求の最初の段階である生理的欲求とそれに続く安全の欲求は、人間が生きていくうえで最低限必要な衣食住を求めるという、いわば根源的な欲求段階です。昔の日本人が「ごはんと家を買うため」に働いていたというのは、この段階に当てはまります。

親和の欲求は、他者と同じようになりたいという集団帰属の欲求です。みんなが大学に行くのなら自分も行きたい、人並みの企業に就職したいという思いがモチベーションになる段階です。

第4段階、自我の欲求は、自分が集団から価値ある存在と認められたり尊敬されることを求める認知欲求です。人よりいい大学に入りたい、人より出世したい、周りの人から認められたい、そのために頑張るというのがこの段階です。

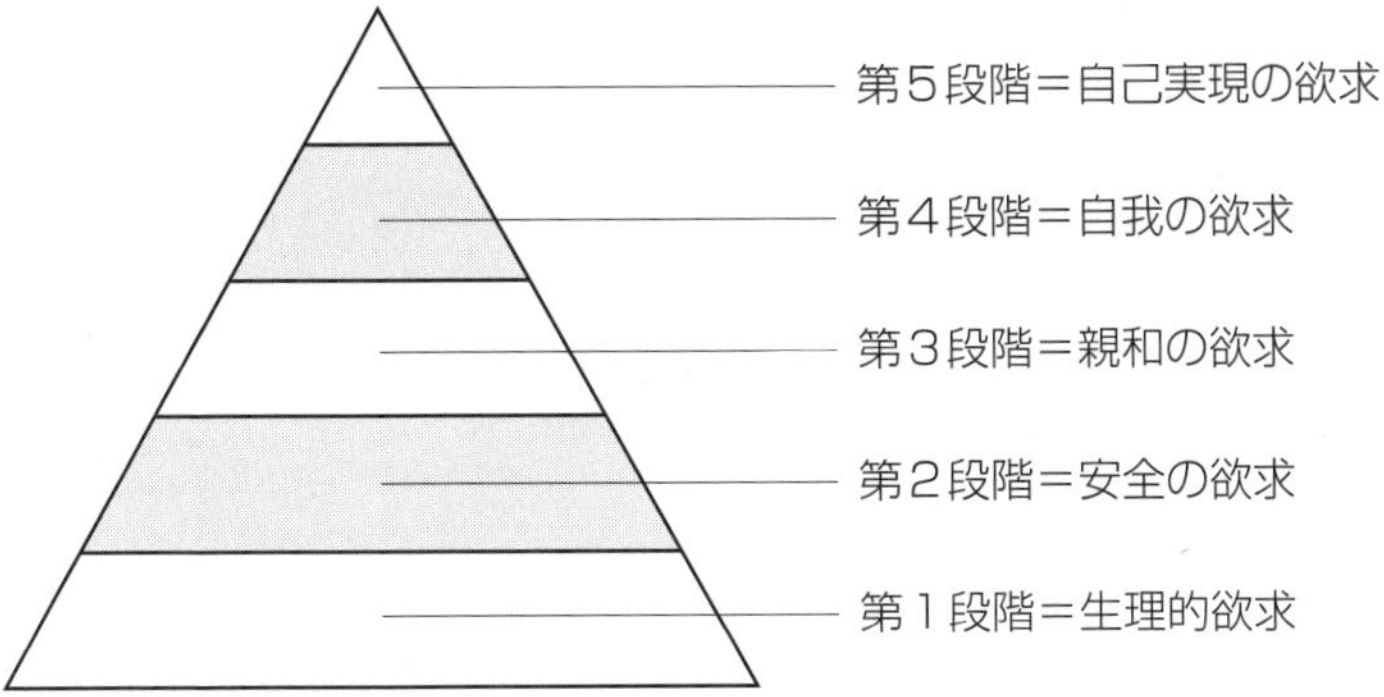

マズローの欲求５段階説

最後の5段階目、自己実現の欲求とは、自分の能力を発揮することで、創造的活動や自己の成長をはかりたいという欲求です。自分の能力を高め、オリジナルな世界で夢を実現したいとプライドを持って頑張るのが、この段階といえるでしょう。

１９８０年代までは、約8割の人が第1段階、第2段階の基本的な生存欲求をモチベーションに仕事をしていました。しかし、日本社会が豊かになるに従い、人々の欲求もまた段階が進みました。それでも第４段階までは物理的なもの、たとえば社会的地位や高給、外車や広い家などを得ることをモチベーションとして頑張ることができました。

しかし、こうした目に見えるものをモチベーションにできるのは、じつは第４段階までなのです。第5段階の自己実現の欲求を満たすためには、コーチングによって、その人の潜在意識にアプローチし、モチベーションになるものを見つけ出すことが必要です。

リーダーは、どうしたら部下が自己実現できるのか、コーチングの技術を使い、部下の中に眠っている答えを引き出さなければなりません。

そして、答えが見つかったら、部下が自己実現できるように徹底してサポートする。これは、**部下が働きやすい環境を作るということ**です。

つい先頃、私は、船井総研の代表取締役社長・小山政彦氏と対談する機会がありましたが、そのとき小山氏が「リーダーというのはスーパーサポーター。だから社長業というのはすべての社員のスーパーサポーターなんです」とおっしゃっていたのが、強く印象に残っています。

これは、先ほど組織文化のところで例に出したセムラーイズムと同じエッセンスを持っています。セムラー氏がやったことも、いってみれば「働きやすい環境作り」だからです。

目標を明確化し、歴史と文化を教えることも大切なリーダーシップですが、よい環境を作るということもまた、リーダーシップだということです。

リレーションシップ構築の秘訣

4つのポイントの最後で、サルカはこう述べています。
④目標、優先事項、期待をはっきり伝えあうための下地となる人間関係を部下との間に築く
すべてのリーダーシップに欠くことができないのが「人間関係」です。

目標を部下と共有するためにも、組織と個人の目標を統合調和するためにも、歴史と文化を語って聞かせるためにも、部下の潜在的欲求を引き出すためにも、**コミュニケーションによるリレーションシップ作りは必要不可欠**だからです。

リレーションシップを築くうえで、ぜひ知っておいてほしいことがあります。

それは、リーダーは相手に自分を理解してもらおうと思ってはいけない、ということです。

スティーブン・R・コヴィーの『7つの習慣』に、「ウィン・ウィン（Win Win）」つまり「勝ち・勝ち」の人間関係を築くということが書かれています。そして、そうした関係を築くためには、「相手を勝たせてから自分が勝つ」ことが必要だと説いています。

じつは、リレーションシップを築くときもこれと同じなのです。ウィン・ウィンの関係を築くとき、自分が勝ってから相手を勝たせてはいけないように、人間関係を築くためには、まずこちらが相手を理解することが必要です。自分を理解してもらうのは、その後です。

結果の出せないリーダー、部下とよい人間関係の築けないリーダーの多くは、これができていないのです。

最初から「俺の言うことを理解しろ」「俺の立場も考えろ」と部下に要求するようなリーダーは、いくら怒鳴り続けても、リーダーシップを発揮することはできないでしょう。

大切なのは、まず相手を理解すること、そして、まず自分のメンバーの勝ちを優先することです。自分のクライアントや自分の部下を勝たせることによって、結果的に自分が勝つというのが、本当のリーダーの姿だと私は思います。

プライオリティー・コントロール

あなたは自分の日々の仕事に優先順位《プライオリティ》をつけ、それを守って仕事をしているでしょうか。

あなた自身はできていたとしても、部下にもそれをきちんと伝えることができているでしょうか。

優先事項をはっきり伝えることの大切さを教えてくれる、とても興味深いエピソードがあるのでご紹介しましょう。

ある日、世界最大の鉄鋼会社・ベツレヘムスチール社の社長のところに、アイビー・リーという若いコンサルタントが、コンサルティングの提案をしにやってきました。

「私にはもうやるべきことがたくさんあるし、コンサルタントはいらないよ」

社長が彼の申し出を断っても、リーは少しもがっかりせず、逆に「そのやるべきことは本当に結果が出ていますか?」とたずねました。

思わぬ質問に、社長は「うーん」と考え込んでしまいました。

「では、結果が出る方法をお教えしますから、結果が出たらコンサルタント料をください」そう言って、ある方法を教え、リーは帰っていきました。

結果はどうなったと思いますか?

2ヵ月後にリーが再びベツレヘムスチール社を訪ねたとき、彼はコンサルタント契約と、2万5000ドルもの大金を手にしたのです。

彼がベツレヘムスチール社の社長に教えた「結果が出る方法」とは、次のようなものでした。

まず、明日やりたいと思うことを10個、紙に書き出します。次はそれに優先順位をつけます。思いつくままに書き出したやりたいことに優先順位をつけると、1番目、2番目ぐらいは最初に書いた通りになることが多いのですが、3番目に来るものは意外と最後のほうに書き出したものだったりします。

よく考えて優先順位が決まったら、その紙はポケットにしまい、翌朝会社に来たら、何も考えずにその順番通りに仕事をしていく。それを毎日続けます。

彼が教えた方法というのは、たったこれだけでした。しかし、リーが多額の報酬を手にしたということは、この方法で、仕事の能率が飛躍的に向上したということです。

もちろん、書き出したものがすべて1日でこなせるとは限りません。しかし、「できたのが3つでも4つでも、極端なことを言えばたった1つでも優先順位のもっとも高いものができれば、それはとてもハッピーなことです」とリーは言いました。

優先順位を決め、それにしたがって仕事を進めることが仕事の能率を上げることはおわかりいただけたと思います。しかし、アイビー・リーも語っていない、この能率をさらに継続的にアップさせる方法があります。それが**優先順位（プライオリティ）の共有**です。

じつは、ほとんどの職場ですでに優先順位の共有は試みられてはいます。しかしそのほとんどは成功していません。それは、きちんとしたリーダーシップが機能していないからです。

結果の出ないケースでは、リーダーが優先順位を決め、部下にそれを伝えるというやり方をしています。この方法の最大の問題は、時間の経過に伴い、リーダーと部下の間でプライオリティにズレが生じるということです。そのためリーダーは、自分から見て優先順位の低いことに部下が時間を割《さ》いていると感じ、イライラしてしまうのです。

優れたリーダーは、ここでもコミュニケーションを活用します。

まず、一方的にリーダーの優先順位を押しつけるのではなく、部下とコミュニケーションを取りながら優先順位を決めます。この過程を経ることで、部下にはなぜこれが優先されるのかという理由とともに優先順位が刷り込まれます。後々優先順位がぶれるということがなくなります。

しかし、時間が経ち、状況が変化すれば、優先順位も見直しが必要になります。ですから、優れたリーダーは、日々状況や部下の状態に気を配り、部下とコミュニケーションを取ることで情報を収集しながら、必要とあれば優先順位の確認や見直しをします。

優れたリーダーは、優先順位を活用して能率を上げるだけでなく、プライオリティそのものをコントロールしているのです。

それでは、またサルカの話を見てみましょう。

第3章　リーダーの3つの責務

火事が起こるとき、そこには必ず熱、酸素、燃料という3つの必要条件が存在している。この3つが互いに作用しあって初めて、燃焼へ続く連鎖反応が起きるのである。

同じようにリーダーシップが燃え上がるのにも、3つの必要条件がある。それがなければリーダーシップは決して燃え上がらない。リーダーシップは、その3つが作り出す土台の上に築かれるのだ。その3つの必要条件は、リーダーが果たすべき3つの責務と言ってもいいだろう。

この3つの責務は、いずれも持って生まれた人徳や才能によるものではなく、鍛錬を積んで身につけなければならないものである。鍛錬にはたゆまぬ意識と努力が必要だが、鍛錬で身につくということは、別の言い方をすれば鍛錬さえ積めば誰にでも修得できるということでもある。

では、リーダーが果たすべき3つの責務とは何なのだろう。

第1の責務は、現実を直視することである。

なぜならリーダーシップの失敗の多くは、状況の本質を直視したがらないことが原因だからだ。たとえばアメリカの自動車産業は、もっと小さくて燃費のいい車がほしいという顧客の希望を無視した結果、1970年代に破綻寸前まで追い込まれた。これは、自動車メーカーが、高いガソリン代や環境への配慮といった自分たちのビジネスを取り巻く環境と顧客の要望を認識しようとしなかった結果である。

第2の責務は、部下を財産とみなすことである。

これは、部下を特徴のない平凡な人間とみなすのをやめ、組織を動かすエンジンとみなすということである。

そして**第3の責務は、組織のあらゆるレベルでリーダーを育てること**である。

おそらくこれが3つの責務の中でもっとも難しいだろう。しかし、もっとも力強い責務でもある。これができれば、組織内での自分の影響力を強め、組織が正しい方向に進むようにすることができるからだ。

リーダーを成功に導く情報とは

第1の責務である現実を直視するためには、現実を知らなければならない。

消防士の仕事で言えば、現実とは「炎」である。

私たち消防士はいつでもすぐに炎を見つけられるわけではない。だが優秀な消防士は、腕のよいハンターのように、獲物を追う方法を知っている。炎を見つけるときにカギとなるのは「煙」だ。経験豊富な消防士は、煙の色と臭いだけで何が燃料になっているのか、どれくらい燃え続けているのかがわかるし、煙の量や濃さから、燃焼がどの程度進んでいるかわかることもある。

だが、いくら煙に詳しいといっても、消防士は煙そのものを追っているわけではない。消防士が煙を追うのは、炎を発見したいからである。煙はあくまでも、炎の存在を示す情報やヒントのようなものなのだ。

これをビジネスの世界に置き換えると、「現実」へと導いてくれる「煙」は、さまざまな「情報」に当たるだろう。したがってリーダーは、ビジネスや組織ででくわす特殊な種類の情報に注意を払うだけではなく、それらを「現実」と取り違えないように注意しなければならない、ということが言える。

煙、つまり情報はただの手がかりでしかない。それを念頭に置いて、隠れている問題を発見することが必要なのだ。

たとえば、あなたの部下が情報を隠していたことが発覚したとしよう。ビジネスの現場でこのようなことが起きるときは、それはもっと重要な問題があるという兆候である。つまりこれは「煙」なのだ。

優れたリーダーは煙と闘うようなことはしない。それよりも、煙を追って炎、つまり「隠れた問題」という現実を見つけ出すことに努力する。なぜなら、煙と闘っていると、隠れた問題から、別な問題が発生することがあることを、優れたリーダーは知っているからだ。

だからこうした場合、優れたリーダーは念入りに調査し、部下たちがなぜ情報を隠そうとするのか想像し、彼らに質問をする。

「罰せられるのではと恐れたのか？」、あるいは「情報を共有する重要性を理解していないのか？」、それとも「失敗を隠そうとしたのか？」と。

答えがどれであれ、本当の問題を発見することさえできれば、炎が小さなうちに消すことができる。しかし、リーダーが煙を追うことに失敗すると、悲惨な結果を招きかねない。

私の仕事では、それが隊員の死を意味する場合すらある。あなたの仕事はおそらくそれほど危険ではないだろうが、それでも悲惨な結果を招く危険性は高い。

たとえば、業界で実際に何が起こっているかを明らかにできなければ、あなたの組織は時流に乗るチャンスを逃し、競合相手に負けてしまうだろう。

ラム・チャランとラリー・ボシディは、その著書『経営は「実行」明日から結果を出すための鉄則』の中で、「リーダーは現実的なビジネス展望を持ち、影響を受けそうな変化に備えて環境を常に監視せよ」と述べている。

「煙を追う」のは、「正しい情報を探す」のと同じだ。私は指揮官たちにつねづね言っているのだが、**情報はリーダーシップの要**である。

だがここで忘れてはいけないのは、情報には2種類あるということだ。

1つは「量的情報」で、評価したり標準化したりできる数字やナマのデータであり、もう1つは「質的情報」で、意見や解釈といったより主観的な情報である。

バランスの取れた人間として活動するために創造的な右脳と分析的な左脳の両方が必要なように、現実を理解するためには質的、量的両方の情報が必要なのだ。

現実を知るための5つの原則

煙を追うためには、まず煙を見つけることが必要だ。しかし、煙を見つけたとして、どのような戦略を使えば煙が示す隠れた問題、つまり現実を見つけることができるのだろう。

この難問に答えるのは簡単ではないが、いくつか指針となるものはある。

偉大な指揮官の指導を受け、指折りの消防士たちを指揮した私の経験から、導き出した原則は5つ。この「5つの原則」が、自分自身の中で、組織の中で、そして業界の中で、実際に何が起こっているかを知る助けになると私は考えている。

原則①感情の引き金を知る

リーダーは、自分の感情をコントロールしなければならない。自分自身が原因で物事がうまくいかないことも多いからだ。

この場合の「煙」は、自分の「感情」である。だから自分の感情を監視することから始めよう。自分の感情を見張ることによって、過剰に反応したり、リーダーシップを損なう行為に走らせたりする「引き金」がわかるからだ。

引き金とは、特定の種類の情報に敏感に反応し、理性を押し切って表に出てくるその人の本質である。過剰反応がどういうものかは、みな知っているだろう。これといった理由もなく理性を失い、怒り狂い、びくびくし、自制心を失うような状況を誰もが経験したことがあるはずだ。たとえば、私の場合、引き金となるのは「皮肉」である。部下が皮肉っぽい反応を示すと、カッとしてたちまち顔が赤くなる。

このように、自分の引き金は何かということを理解することはとても大切だ。これが自分の引き金だとわかってしまえば、うまく対処できるからである。

自分の引き金が何かを知るためには、理性を欠いた衝動的な反応を「煙」として扱うことが必要だ。理性を欠いた怒りを感じたら、その状況が感情の引き金を引いている証拠だ。それがわかれば、この自己妨害反応を引き起こしているより深い問題を発見し、対処することができる。

原則②できるだけ多くの情報を集める

リーダーは、組織や業界の本当の姿を発見する必要がある。最終的には火元へ導いてくれるわずかな煙のように、的確な情報は、組織が能力を最大限に発揮させると同時に、弱点を発見する手助けとなる。

私の任務は、現場に到着した瞬間に火災の全体像をつかみ、何が起こっているか把握することだ。現場に着いて煙が鼻孔をつくと同時に、私は量的質的両方の情報収集を始める。

この場合の量的情報とは、建物の種類、建材の種類や燃焼温度、特徴的な燃焼パターンなど。また、質的情報とは、炎はどう動いているか、外壁に延焼する危険性はあるか、窓は熱で割れていないか、煙の色や臭いからわかることは何か、といった煙や炎を観察して得られる情報である。私はこれらの情報を、隊員に調べさせ、情報がすべて手に入って初めて、炎を攻め制圧する戦略を立てることができるのだ。

優秀なリーダーになるためのカギは、できるだけ多くの異なるタイプの煙（つまり情報）を熟知することである。情報源とデータのタイプが多岐にわたっているほど、最良の結果に到達するチャンスも増える。

では、的確な情報を確実に手に入れるためには、どうしたらいいのか？

それには自問自答してみることだ。

「自分は第一線からいち早く情報を得ているか？」「この情報は組織の中で歪曲《わいきょく》され、滅菌消毒された役に立たない代物ではないか？」「毎日複数の部下から最新情報を得ているか？」「わずか数人の選ばれた部下の情報だけに頼っていないか？」という具合にだ。

原則③最前線のスタッフの話を聞く

ＦＤＮＹの指揮官は、決断を下す前に念入りに状況を観察し検討することで知られている。当然のことだが、私たちは同時に複数の場所へ行くことはできないし、現状のあらゆる側面を1人で調べることもできない。

では、状況を1枚の絵にまとめるために必要な情報を、どのようにして集めればよいのだろう?

答えは簡単だ、消火活動でさまざまな体験をしている隊員のもとへ自ら出向いて、話を聞けばいいのである。リーダーは彼らの知識や洞察を拝借し、より完璧で役に立つ現実の見方を構築している。

だからリーダーは、重要な決断をする前に部下や専門家、現場の隊員と話をする。たとえ本人が自覚していなくても、最前線の隊員が答えを握っているとわかっているからだ。現実を正確に把握しようとするとき、炎のまっただ中にいる隊員が最高の情報源なのである。

言い換えれば、彼らは原料(情報)を持っているのだ。その原料をまとめて役立たせるのがリーダーの役目である。

原則④情報から判断を下す勇気を持つ

「現実を直視する」という第1の責務を果たすために必要な5つの原則のうちの3つまで述べてきたが、ここまででも第1の責務を果たすためには、かなりの努力が必要だということがおわかりいただけただろう。しかし、次の原則は、さらに過酷なことを要求する。それは並々ならぬ強い精神力を要すると言ってもいいだろう。

リーダーの仕事の中でもっとも勇気がいるのは、現体制をひっくり返し、多数派に挑戦することになるかもしれない情報を検討し、判断を下すことである。

数年前、125番ストリートと8番アベニューのハーレム地区で起こった火災で、FDNYの副局長ヴィンセント・ダンが下した判断は、まさにそれだった。

その現場は単なる火災ではなかった。火災現場となっている2階建ての商業ビルは、人質をとった立てこもり事件の現場でもあったのだ。

銃を持ち人質をとった男が立てこもっているビルの2階の窓からは、炎が見えていた。燃焼が進んでいる兆候である。消防士は、警官が犯人を捕まえようとしている傍らで、消火活動を開始した。

可能な限りの情報を集め、さまざまな戦略を吟味しているダンの横をかすめて、救急隊員が銃で撃たれた血まみれの被害者を大急ぎで搬送していった。

このときダンの心の大部分を占めていたのは、人命救助というFDNYの使命だった。ビルには大勢の人が取り残されているし、その人たちが銃を持った犯人から逃れることができたとしても、呼吸を奪う、もうもうたる煙と炎に命を奪われることは確実だった。

消防士はすでに消火活動を開始しているのだから、そのまま消火作業を強行するのは簡単だっただろう。ダンが受けた訓練、義務感や使命感、そして部下さえも、すべてが消火作業を続けるようダンを無言でせきたてていた。

しかし彼は、そうしたプレッシャーに負けず、状況の本当の姿を把握していた。そして、消防士を退却させる決断をした。

彼の考えはこうだ。このままではいずれ犯人はビルから出ざるを得なくなる。そうなったら犯人は銃を乱射するかもしれない。そして警官が応戦し、消防士の遺体がいくつも歩道に横たわることになるだろう。

のちに、7人の人質が煙を吸いこんで亡くなったことが判明し、ダンはその後つらい夜を過ごした。しかし、状況を考えれば、それが正しい判断だったと結論づけた。

現実に向き合う勇気がなければ、ダンは現場の勢いに負けて隊員に消火活動を続けさせていただろう。そうすることは簡単だったはずだ。しかし、ダンは勇気を持って状況の本質を見極め、つらい判断を下したのである。簡単ではないが、正しいことだった。

原則⑤部下を育てることによって学ぶ

部下を指導することが、煙を追って現実を見つける際にどう役立つのか、と思う人も多いだろう。だが優れたリーダーは、部下を指導することによって、組織や業界で今何が起こっているのかを理解するために必要な、多くの情報を手に入れる。

それは、指導の本質が部下との親密な関係を要求するからだ。教えるためには、部下たちに混じって話をしなければならない。教えることは、教師と生徒の間にギブアンドテイクの雰囲気を生み出し、それがアイデアと情報の自由な交換を促すことになる。つまり、教えることを通して、部下の経験や意見、洞察を知ることができるということだ。

こうしたギブアンドテイクの関係は、教え学ぶことの力学と言ってもいい。**進んで教えることは、進んで学ぶこと**なのである。

リーダーの成長や向上には終わりがないので、こうした学習はとても重要だ。

リーダーの役割を担い続ける限り、休むことも、のんびりテレビを見ることもできなければ、うまくいったと心ひそかに満足することもできない。とくに第1の責務「現実を直視する」を果たそうとするときはなおさらだ。

リーダーは、常に正しい質問をし、現実を目の当たりにしたときに正しい判断を下したり、組織の目標達成へ部下を導いたりするための最良の方法を知るために、学び成長し続けなければならないからである。

部下は「人間」か「財産」か

リーダーが果たすべき第2の責務は、部下を財産とみなすことである。

リーダーシップ論の大御所ノエル・ティシー教授の、「今日の世界では、企業の従業員はもっとも重要な価値を生み出す財産である」という言葉は正しい。

大半の組織は、ティシー教授やピーター・ドラッカーらの主張に同意し、「人は財産」という概念を基本理念に掲げてきた。

しかし、彼らの言葉に賛同しているようでいて、実際には違反している例が多い。もっとも目にあまるのは、従業員は「戦略的財産」であり「競争における優位」だと断言しておきながら、つまらない規則や条例で従業員をがんじがらめにしている組織やそのリーダーだ。

なぜこのような過ちを犯してしまうのかというと、従業員に「自分には価値があると思わせる」ことにばかり夢中になっているからだ。

企業は、従業員を尊重していることを示そうとして、毎週金曜日のパーティーや夏の遠足といった行事を開催し、リーダーは「組織でもっとも重要なのは従業員だ」という考えを、従業員を喜ばせるために努力すべきという意味に解釈し、実践する。

だが、それはまったくの見当違いだ。

私も署の隊員全員に夕食のステーキをご馳走するくらいのことはできる。だが、ステーキをご馳走するだけでは、彼らを優秀で幸せな消防士にすることはできない。

従業員という十分に活用しきれていない財産を最大限に生かすために必要なのは、ステーキをおごることではなく、彼らに自由に仕事をさせることだ。自分にふさわしい方法で能力を生かす権限が与えられれば、彼らは誰も見たことがないほど優秀でやる気のある部下になるだろう。

じつはあなたの部下は、部下として扱ってほしいとは思っていない。さらに言うなら、従業員として扱ってほしいとも思っていない。なぜなら彼らは、あなたが従業員は酷使するかもしれないが、あなたのために仕事をしてくれる財産を酷使することはないと知っているからだ。事実、どれほどできの悪いリーダーでも、工場や特許権といった組織を成功させるための財産に対しては、丁寧に取り扱うものだ。

つまり、もしリーダーが従業員を酷使しているとしたら、それは従業員が財産であることを理解していない証拠だということだ。従業員が財産であるとわかっていれば、その財産（＝従業員）が、力を存分に発揮できる環境を生むために、組織はどんな努力も惜しまないだろう。組織の成功は、従業員にかかっているからだ。

リーダーが、部下を予測不能でフラストレーションの原因となる「人間」とみなすことを止め、目標達成のための頼れる「財産」とみなすようになるためには、そうしようという強い意志が必要である。

ここに秘訣は何もない。

部下との交流を深めることに加え、自分の成功がかかっている財産として彼らに接すれば、自然と部下を手助けできるようになる。

部下を手助けするというのは、具体的に言えば、部下をもっとも得意なことができる部署に配置したり、相性の悪い仕事はさせないようにしたりするということだ。

彼らが心地よいと感じるような環境を作れば、仕事の能率は上がる。

だから、失敗したときも責めてはいけない。リーダーがすべきことは、常に彼らが組織の目標を達成させるために必要な道具、つまりリーダーシップを、明快な指示とともに与えることだ。部下はあなたの本当の財産である。仕事をし、使命を果たすのは、彼らなのだから。

自分の中にリーダーを育てる

リーダーが果たすべき第3の責務は、組織のあらゆるレベルでリーダーを育てることだ。ピューリッツァー賞受賞者ジェームズ・マグレガー・バーンズは、著書『リーダーシップ』で、「リーダーは後輩たちがリーダーになるよう手助けする必要がある」と書いている。そしてその理由として、「〝リーダーの〟力を借りることでしか、真の偉大なリーダーシップは獲得できないからである」と述べている。

しかし、バーンズがこう書く以前から、ゼネラル・エレクトリック社やIBM、そしてFDNYのような成功した組織はみな、組織中の社員や隊員にリーダーの役割を担うよう勧めてきた。あらゆるレベルでリーダーを育てれば、リーダーシップの効果を高め、メッセージや決断を組織全体に浸透させることができるからだ。

しかし、現実を考えると、「あらゆるレベルでリーダーを育てる」というのは、夢のようなマネージメントに聞こえる。

あらゆるレベルにリーダーができるということは、部下があなたの決断に疑問を呈し、自分のやり方を代案として示し、組織の目標を自分なりに解釈し、それを頼りに新しい方向へ進んでいくということだからだ。

それでいいのだ。これこそリーダーが望むべきことなのである。

自分自身をリーダーだと考えるよう部下を激励すると、彼らはより深く仕事に関わり、結果に責任を持ち、組織の目標に集中するようになる。彼らは、仕事の途中経過や押しつけられた手順ではなく、結果を見据えて行動するようになる。こうした新しい観点が、創造性を刺激し、価値ある革新の流れを生み出すことになる。その結果、組織内に競争心が生まれ、効率も上がり、成功へと結びつくというわけだ。

だが、こうした私の考え方はなかなか世間に受け入れてもらえない。ＦＤＮＹでうまく機能しているのを見た経験からその効果には太鼓判を押しているのに、納得してもらえないのだ。

その原因は、「リーダーシップ」に対する既存の解釈にある。

多くの人は、リーダーシップとは、オフィスを占有したり肩書を持つことだと思っている。だがそれは間違いだ。リーダーシップとは、特別な職務や地位、仕事の種類ではない。リーダーシップとは、目標達成に向けて部下を動かすためにとる行動や態度を意味する。したがって、企業のＣＥＯでも末端の社員でも、誰でもリーダーシップを実践することはできるのだ。

私たちFDNYのリーダーは、ステップアップしてリーダーの役割を担えと、絶えず部下を励ましてきた。その方法の1つは、リーダーの資質を持つ若き消防士を教育し、指揮官登用テストを受けるよう勧め、勉強の手助けをすることである。そのためには、FDNY内の陰のリーダーからなる強力なネットワークに頼ることもある。彼らには地位や肩書はないが、経験がある。そして周囲の尊敬を集め、献身的に仕事に取り組んでいるのだ。

人々の中に眠るリーダーシップを育てることが、教師の仕事の基本だ。

そして、リーダーシップの育成は、あなたから始まる。あなたは部下のために判断基準を設け、部下のリーダーシップを鼓舞し、部下に見習ってほしい価値や行動の首尾一貫した手本を示さなければならない。部下と常にコミュニケーションをとることも必要だ。部下に話しかけ、部下の話を聞こう。そして、リーダーシップの力で自らの行動に責任を持つよう教えよう。

リーダーに不可欠な「洞察力」

優れたリーダーシップを機能させるのは、揺るぎない人間関係である。

そして人間関係は、コミュニケーション能力や信頼性、威信、透明性、そして言行一致といった資質によって強められる。

これは視点を変えると、曖昧《あいまい》な価値観、乏しい自信、コミュニケーション能力の低さなどの弱点があると、部下と前向きな関係を結ぶのは難しくなるということでもある。つまりリーダーは、自分の内部で何が起こっているのか直視しなければ、部下とよい人間関係を結ぶことはできないということだ。

ではどうすれば自分の内部を直視することができるのだろう。

ここで再び登場するのが、リーダーが果たすべき第1の責務である。第1の責務を果たすための方法として、自分の感情の引き金を特定し、うまく対処することだと述べたが、このとき用いた「洞察力」が、自分自身の内部、つまり本当の姿を見極めるときにも役に立つ。「洞察力」は、リーダーシップに欠かせない資質だ。リーダーは洞察力を養い、リーダーとして自分がどんな位置にいるのか理解しなければならない。それ以外に、目的地へたどり着く術はないのだ。

洞察力を磨く方法①自分の心の葛藤を暴く

自分の本当の姿、つまり本当の価値、目標、動機を見抜くためには、第1の責務で述べた「煙を追う」ための質問と調査という手法が活用できる。唯一の違いは、ここで追うべき煙はあなた自身だという点だ。自分は過去になぜあんな選択をしたのか、なぜあんな行動をとったのか、「理由」さえわかれば自分自身をコントロールし、部下とより効果的な信頼関係を築くことができる。

では、具体的にはどんな質問をすればいいのだろうか。

まず過去の重大な行動や出来事、決断を思い出してみよう。そしてこう自問するのだ。「実際には何が起こったのか?」「なぜそうなったのか?」「自分にどんな影響があったのか?」「自分にとってどんな意味があったのか?」「なぜその選択をしたのか?」「その選択の結果に自分は満足していたか?」

自問するときは、どんな質問や話題が、恐れや不安といった感情を生み出す引き金になっていたか注意してほしい。なぜなら、それがあなたのアイデアや信念を脅かしているものだからだ。その感情を思い出せば、心の葛藤を暴き自己認識を向上させることができる。

よい例として思い浮かぶのは、ビリー・マッギンという消防士のことだ。私が初めてビリーと仕事をしたのは、ローワー・イーストサイドの第11はしご隊に所属していたときだった。私がまだ小隊長になる前のことである。

ビリーは非常に頭がよかった。当時、彼はまだプロービーだったが、生まれながらの消防士だった。ビリーはスーパーコンピュータのように情報を吸収し、私が一緒に働いてきた消防士たちと同じように勇敢で有能だった。

ところが、そんなビリーに、私は我慢ができなかった。

私は数ヵ月間は、彼に対しては些細なことさえ大目に見なかった。そんな私の姿を見て、ついに他の隊員たちが「なぜ彼につらく当たるのか」とたずねるようになった。そのとき私は初めて、ビリーのやることなすことにイライラする理由が自分でもわかっていないことに気づき、どうしても理由を見つけようと思った。じつはこの出来事が、私の自己認識のきっかけになったのだ。

「煙」を追っていくうちに、私は、自分がなぜビリーにイライラするのか、徐々にわかってきた。理由は、彼がとても優秀だったからだった。彼はあまりに優秀で、そのことが私自身の自意識を脅かしていたのだ。

理由がわかり、よくよく自分の感情を分析していくと、私は彼と平和的に共存できるだけでなく、彼から学ぶことさえできることがわかった。実際、それ以降、私たちはとてもよい友人になった。

後に第１機動救助隊と第48ポンプ隊で一緒に働いたときは、彼は私の指揮下の小隊長の１人として活躍してくれた。しかし、そのビリー・マッギンは、２００１年９月11日、第18機動救助隊を率いてワールド・トレード・センターの北棟に行き、倒壊に巻き込まれてしまった。

洞察力を磨く方法②自己認識を修復するための時間を毎日持つ

経験豊富な優れたリーダーは、部下よりも自分が優位を保つために、この手の自己認識を常に繰り返さなければならないことを知っている。彼らは、感情の引き金に気づかなかったり、本当の価値や目標を見失ったりすると、リーダーシップがダメになると理解している。だからこそ、リーダーの中のリーダーは沈思黙考し、決断や行動が完璧かどうか自問自答し、テストするのだ。

こうした自己認識を育む作業は、会議の合間にはさみこめるようなものではない。きちんと時間を決めて取り組まなければならない。私の場合は、郊外から通勤しているので、その1時間ほどの通勤時間を自己認識を育むために利用している。そうすれば、この自己認識の修復作業にほぼ毎日、少なくとも60分というまとまった時間を当てることができるからだ。そして、その間は携帯電話の電源は切り、再検討したほうがよさそうな2、3の出来事だけを思い浮かべるのである。

洞察力を磨く方法③目標と評価を紙に書く

自分の価値やアイデア、目標がはっきりわかれば、それを評価することができる。そのための方法の1つが、紙に書き出すことだ。

実際私たちはこの方法で、プロービーがより細かく仕事を覚えられるよう手助けしている。プロービーは出勤するたびに、訓練ノートに勤務時間中に学んだことを列挙することになっている。指揮官はノートを確認し、プロービーに内容について質問する。学んだことを書き留め、さらにそれをちゃんと理解しているか試されると、学習と発見がより効率的になるからだ。

考えを書き出したら、次はリーダーシップのビジョンを作文にまとめる。少々陳腐に聞こえるかもしれないが、自分のビジョンをまとめた作文はリーダーシップの規準となるので、絶対に書いてほしい。

これは慌てて書いてもいけないし、いい加減に書いてもいけない。真剣に書けば、いざというときにそれに頼ることもできるし、道具として使うこともできる。書き留めたあとでしまいこんで2度と読み返さなかったとしても、紙に書く過程自体が明確な方向づけになっているはずだ。アイデアは紙に言葉を書くことで、明解になり実体を持つのである。何千もの無関係な思考にまぎれて心の中に留まったままでは、そうはならない。

洞察力を磨く方法④信頼できる人に自分を査定してもらう

自分の能力と弱点を見抜くもう1つの方法は、配偶者や親友、恩師、部下など、信頼できる人に査定してもらうことだ。

彼らは長い間あなたを見てきたのだから、あなたの能力も弱点もはっきり指摘することができるはずだ。

しかし彼らの助言を求める前に覚悟すべきことがある。それは、「どんな気にくわない話でも聞く」という覚悟だ。必ずしもその意見を受け入れる必要はないが、友情を壊したり、恩師と疎遠になったり、配偶者を怒らせたりしたくないなら、自分にとってどんなに都合の悪い真実を突きつけられたとしても、彼らの協力に感謝する心構えで臨まなければならない。

成長のために冒すリスク

先に述べた方法で、自己認識を新たにしたとして、よい結果を生むリーダーに成長するためには、それをどう活用すればいいのだろう?

この場合「成長する」という言葉がカギになる。

ここで大切なのは、新たな自己認識によって明らかになった、現在の自分の姿と理想の自分の姿の隔たりをじっくり見つめ直すことだ。なぜなら、成長とは、学習と自己管理によってその隔たりを埋めることだからだ。

学習にはさまざまな方法がある。教師や同僚、従業員に質問をしてもいいし、彼らを観察するだけでも学ぶことはできる。本書のようなビジネス書を読んでもいい。学校に入ったり、ドライブ中に学習テープを聞くこともできる。

雑誌や新聞を読むのも学習である。とくに自分の業界以外のことについて学ぶことは、視野が広がるのでお勧めだ。事実、私も、政治家、大学教授、兵士、企業のCEOなどが書いたリーダーシップ論を読み、そこから自分に役立ちそうなことをたくさん学ぶことができた。自己認識、知恵、人間のあり方と人間の行動範囲の熟知、こうしたものによって形作られた土台の上にあるのがリーダーシップなのだから、リーダーにとって、無駄な学習など1つもないのである。

自ら学ぼうとすることは、危険を冒すということだ。

消防士は危険をものともしない、と思われがちだが、消防士とて人間だ。失敗を恐れて、新しい方法を試したり新しい技術を獲得したりしようとしない隊員も大勢いる。

しかし失敗を恐れて屈してしまったら、自分自身を凡庸という安全地帯に置くことになってしまう。私が知っている精力的なリーダーはみな、一歩踏み入ったとたんにつまずくことがわかっている困難な状況にわざわざ身を置いて、懸命に努力していた。

新しい手法や道具を取り入れようとすることも、救助隊や危険物処理隊などFDNYの別な部署へ異動になることも、困難な状況といえるだろう。どんなことであれ、自らを奮い立たせ、新しいことを無理にでも学ぼうとする姿勢は、成長と向上の証にほかならない。リーダーの経歴を試験やテストとみなすのではなく、成長して新たなことに取り組むチャンスだと考えてほしい。

紙に具体的に書いてみる

しかし、学びたいという前向きな気持ちだけでは足りないこともある。感情の引き金が「今すぐに」止めるべき行為や態度を誘発してしまうこともある。そうしたことに対処するのが、自己管理である。

自分の行為や態度がいかにリーダーシップをダメにするかがわかれば、自己破壊的な行為を建設的な行為に変えることができる。

たとえば、不満を持つ顧客のためにアイデアを出し合っている会議の場で、気に入らない意見をこきおろす上司がいたとしよう。組織の問題を解決するためには部下の力が必要なのに、彼の態度は部下のやる気を奪い、会議室から創造的エネルギーを吸い取ってしまう。しかし彼も、自分がどんな害を及ぼしているかが理解できれば、もっと効果的なコミュニケーションの方法を「学ぶ」ことができるかもしれない。だが、それには時間がかかる。彼は「今すぐに」手を打たなければならないのだ。

もっとも有効な解決策は、自分の感情を監視することである。そうすれば、また自分の部下を激しくののしりたい衝動に駆られても、気持ちを静めてその衝動に「対処」し、もっと生産的な反応をすることができるはずだ。

そのためには、自分の考えを紙に記し、ビジョンについて作文を書いたのと同じように、今度は成長の妨げになる弱点をすべて書き出す作業が必要だ。さらに、その弱点を乗り越えたり補ったりするのに必要な手段を考えよう。このとき大切なのは、できるだけ具体的に書くことだ。

たとえば、あなたが望んでいることを部下がなかなか理解できないときは、「もっと上手に考えを伝える」と書くのではなく、もっと具体的に「この計画について部下と話し合い、自分が望んでいることを確実に理解してもらう」と書くということだ。

成功のチャンスを1つも逃したくないと本気で思っているなら、手順完了の期限を設けることも有効だ。期限を設けると、目安にもなるし、自分を鼓舞することにもなるからだ。だがあまり野心的になりすぎてもいけない。とても達成できない目標はやる気を奪うだけなので、期限を書くときは達成可能なものにすることが大切である。

これまで述べたことの大半は、自己認識や感情の引き金への対処法なので、リーダーシップにおける精神・感情面の健康状態と分類できるだろう。だが、リーダーシップには肉体に関する側面もある。誰しも体調がよければ明快に考えることができ、機転もきく。また体力も増すので、より生産的になれるが、体調が悪ければ、いくら精神面が健康でも生産的にはなれない。

とくにFDNYでは、体力はより現実的な意味を持つ。私も大隊長としていまも消火活動に加わっているが、現場では階段を駆け上がり、はしごをよじ登り、燃え立つ残骸から身をかわすことが必要なのだ。しかも30キロ近い装備一式を身につけて、それをしなければならないのだ。実際、ワールド・トレード・センターの現場では、数千平方メートルにわたって広がる鋭くとがった障害物の中を何日間も這いまわり続けた。多くの人は、仕事でこれほど厳しい状況に置かれることはないと思うが、緊張し疲弊していては先頭を切って進むことはできないだろう。先頭を切って進めなければ、リーダーとして指揮を執ることはできない。

リーダーは部下の手を借りて使命を果たす。だから1人の人間としての自分自身をより深く理解すれば、他人ももっとうまく扱うことができるようになる。ボシディとチャランは、リーダーに求められる重要な資質は信頼性、自己認識、そして自制心だと述べているが、これらはどれもリーダーが果たすべき第1の責務「現実を直視する」ことから生じるものだ。

これは、結局のところ、自己認識が洞察力と知恵を授けてくれることを示している。自己認識が深まれば、部下の価値や目標も理解できるし、彼らが能力を伸ばしたり弱点を克服したりするのに手を貸したり、効率よく仕事ができるように手助けすることもできるからだ。

第4章　理想のリーダー像（道幸）

第3章では、サルカはリーダーの果たすべき「3つの責務」について語っています。リーダーシップを築く際、土台となるものですが、いずれも持って生まれた人徳や才能によるものではなく、たゆまぬ意識と努力という「鍛錬」によって身につくものだとサルカは説いています。つまり、リーダーシップの基礎は、努力次第で誰でも築くことができるということです。

では、まず第1の責務、**現実を直視すること**から見ていきましょう。

サルカは消防士らしく、現実を「炎」、現実を知る手がかりとなる情報を「煙」にたとえています。これをビジネスの世界に当てはめて、もっとわかりやすく言い換えるなら、**現実を知るということは自分の現在地を確認することだ**と言えるでしょう。今自分はどんなスキルを持っているのか、将来に対しどんな夢を持っているのか、人間関係、物、お金など、今の自分を構成している要素をすべて知ることが、現在地の確認です。

第1章では「明確な目標設定」の大切さについて述べましたが、自分の現在地がわかっていなければ、目標を実現するための「戦略」を立てることはできません。自分の現在地から目標までの道筋を考えることこそが戦略だからです。

サルカも、まず煙をよく見て、しかし煙に惑わされずに、隠されている現実にたどり着くことが大切だと説きます。そして、そのための方法として「5つの原則」を当てはめ、判断するようアドバイスしています。

私がとくに注目したいのは、「優れたリーダーは煙と闘うようなことはしない」、部下が情報を隠したときにも、煙に惑わされず現実を見つけ出さなければ「悲惨な結果」を招くと述べている部分です。これはリーダーにとって、とても大きな問題です。

なぜなら、**部下は必ず情報を隠そうとするもの**だからです。

この問題の解決法としてサルカは、「リーダーは念入りに調査し、部下たちがなぜ情報を隠そうとするのか想像し」、「コミュニケーションの中で本当の問題点を発見することが必要だと述べています。しかし、実際には、この問題の根本的解決は簡単なことではないと私は感じています。

多くの企業がこの悩みを抱えています。よい情報も悪い情報も、どうすれば部下が包み隠さず共有してくれるのか、抜本的な解決方法を模索しています。私自身も、この問題に関しては、さまざまな試みを行っていますので、そのいくつかをご紹介しましょう。

なぜ部下は情報を隠すのか

それは、私が独立して半年ほど経ち、経営が軌道に乗り始めたときのことです。

1人の部下が、報告すべき情報を隠していたことがわかりました。

当時私の会社では、ある一定の基準をクリアできなければ、翌年の年俸が下がるという規定を設けていました。もちろんそれは、私が押しつけたものではなく、社員も納得したうえで決めたルールでした。当時はスタッフの数もそれほど多くなかったので、私は完全にその部下とコミュニケーションが取れていると思っていただけに、情報が隠されていたことがわかったときには、少なからぬショックを受けました。

その部下は、翌年の年俸を決める時期に、基準がクリアできていなかったにもかかわらず、年俸が下がるのを怖れ、クリアしているかのように情報を改竄《かいざん》して報告してきたのです。具体的に言えば、マイナスの発生した時期を1ヵ月ずらし、査定の日にはまだマイナスが発生していないように細工したのです。

彼にしてみれば、マイナスを計上するのをほんの1ヵ月だけ遅らせれば、翌年の年俸は下がらなくて済むし、その分は次年度ゆっくり取り戻せばいいと、軽く考えていたのかもしれません。

しかしそれは明らかな不正行為でした。

それに、そのときは彼1人がやったことですから大きな被害にはなりませんでしたが、他の社員全員が同じことをしていたら、その時点で会社は潰れてしまっていたかもしれないのです。

私はまず、そのことを彼にはっきり認識してもらうために、きちんと説明したうえで、厳しい罰を与えました。

サルカは、なぜ情報を隠すのか、というところで、「罰せられるのではと恐れたため」「情報を共有する重要性を理解していないため」「失敗を隠そうとしたため」という3つの可能性を挙げています。

私の部下のケースは、このすべての要因を含んでいました。現実には失敗を隠したのですが、その原因は、年俸を下げられることを怖れたからですし、安易に隠してしまったのは、情報を共有することの大切さが理解できていなかったからです。

情報を隠す人はみな、無理解と怖れを抱えているのです。

愛のある厳しいペナルティー

では、どうすれば情報を隠さなくなるのでしょう。

1つの方法としては、**より大きな痛みを与えること**が考えられます。

たとえば、最近は駐車違反の罰金が高くなったと文句を言う人が増えていますが、駐車違反を一掃しようと思うなら、もっと簡単な方法があります。

それは、駐車違反をしている車を見つけたら、片っ端から車を爆破していけばいいのです。たった5分、駐車違反をしただけで何百万もした自分の大切な車が爆破されるかもしれないとしたら、そんな危険を冒してまで駐車違反をする人がいるでしょうか？　高くなったとはいえ、罰金程度で済んでしまうから、文句を言いながらも駐車違反をする人がいなくならないのです。

もちろん駐車違反の車を片っ端から爆破するなんてことは現実には不可能でしょう。私がここで言いたいのは、「厳しいペナルティー」を課すことが、抑止力につながるということです。

先日、ワタミの渡邉社長からおもしろい話をお聞きしました。

渡邉社長が20億円かけて学校を買収したことは、ニュースなどでも大々的に取り上げられましたので、ご存じの方も多いと思います。

今、その学校は在校生約1500人、遅刻者ゼロの学校として注目を集めていますが、渡邉社長が理事長に就任したときには、地元でも有名な問題の多い学校だったそうです。毎日のように遅刻・欠席する生徒は500人にも及んだことがあるといいます。

では、どのようにして遅刻者をなくしたのでしょうか。

渡邉氏が採った方法というのは、3段階のペナルティーを課すという方法でした。

まず遅刻1日目は、作文を10枚書かなくてはなりません。

遅刻2日目になると、母親と一緒に学校に来なければなりません。そして、遅刻3日目になると、今度は会社を休んででも、父親が一緒に来なければならないのです。

こうして、段階的により厳しいペナルティーを課していくことで遅刻はなくなりました。

しかし、ここで注意してほしいのは、**厳しいペナルティーであったとしても、そこに「愛」がなければならない**ということです。渡邉社長のこの罰則にもベースには「愛」があります。

彼はタバコを吸った生徒がいても、喧嘩をした生徒がいても、決して退学処分にはしません。そこには、「学校というのは人間教育の場であり、生徒とその両親は〝お客様〟である。人間性を高めるためにうちの学校を選んでくれたのだから、その生徒が悪いことをしたからといってやめさせるのは仕事の放棄だ」という強い思いがあるからです。

ペナルティーを課す際も、遅刻したり学校に来なければ、将来ダメな大人になってしまう、そうならないためにあえて厳しくしているのだ、ということをきちんと生徒にも親にも伝えたうえで行いました。

ベースに愛があるからこそ、厳しいペナルティーが結果につながるのでしょう。

先ほど、部下が不正を隠したとき、私は厳しい罰を与えたと言いましたが、同時に私は自分のやり方を深く反省しました。そして、反省する中で、部下が年俸が下がるのを恐れていたように、私も経営者としての怖れを抱えていたことに気づいたのです。

目標利益を出せない社員の固定給を下げるというのは、固定費を下げなければ会社の利益が出ず、経営が成り立たなくなると思っていたからです。

しかし、部下の一件で、社員はこのシステムに同意していても、実際は不安を感じていたんだということを知ったのです。そこで私は、入社5年目以降の社員に対しては、還元率を上げるという新しい評価システムを導入することにしました。この方法を採れば、5年目以降であれば、売上が伸びなくても前年度と同じ年俸を得ることができます。

経営者としても、準備期間が5年あれば、その間に社員の人間性もわかりますし、リスク準備金を蓄えることもできます。スタッフも年数を経て、結婚したり子供ができたりしたときに収入が安定するのは安心だと言ってくれています。

力や恐怖だけでは人を導くことはできません。それは、組織のリーダーも同じだと私は思います。リーダーの務めは「組織を守ること」です。しかし同時に、**1人ひとりのスタッフ、「個人を守る」という愛が必要なのだ**と思います。

出したくない情報を出させるには

組織の中には、不正も失敗もしていなくても、情報の共有を拒む人がいます。それは、人より成功している人たちです。

成功している人は、人と違ったノウハウ、自分ならではの情報や発想、工夫というものを持っています。持っているからこそ、人よりも結果が出ているのです。

私はセールスマン時代、会社の月間販売ノルマが12台だったとき、41台ものコピー機を売って、業界の販売記録を塗り替えたことがありますが、もちろんそのときの私も、自分だけの必殺技を持っていました。

その後、自分が経営者になってわかったのは、そうした必殺技を組織は情報として共有することを切望している、ということです。

しかし、成功したトップセールスマンのノウハウは、私も含めて属人的な部分が多いので、その必殺技を他人と共有することを嫌います。なぜなら、組織にとっては大きなメリットでも、提供する側には何のメリットもないからです。いえ、メリットがないどころか、他の営業マンが自分のやり方を真似て成績を伸ばしたら、自分の立場が脅かされるかもしれないのです。これでは情報を提供しただけ損をしてしまいます。

過去の自分のことを考えてみれば、そのほうが会社全体の利益になるのだからと理を説かれても、絶対に情報の共有に応じないであろうことは明らかでした。

そこで私は、じゃあ、あのときどんな条件を提示されたら、自分は情報の共有に応じただろうか、と考えてみることにしました。

そして出た答えが、今、わが社で導入している「情報提供によって成功した場合インセンティブを支払う」、というシステムです。

もちろん、インセンティブを支払うと言っても情報を提供してくれないスタッフはいます。それでもインセンティブがもらえるのならと、情報の共有に応じてくれるスタッフも半数ほどは、出てきています。

どんなに厳しいペナルティーを課しても、どれほどよい条件を提示しても、どれほど情報共有の必要性を説いても、やはり恐れたり、納得できなかったりして情報を隠す人はいるでしょう。

最終的に力となるのは、やはりコミュニケーションと信頼関係です。

はじめは少人数でも、情報を共有することの大切さを根気よく説きながら、少しずつでもそれに応じてくれる人が増えていくと、やがて「情報の共有」がわが社の文化として根付いていくのではないかと、私は期待しているのです。

先に挙げた情報の隠し立てと異なり、必殺技のようなその人ならではの情報は、強要して出させることはできません。リーダーができることは、共有化のメリットを作って、応じてくれるように働きかけていくことだけなのです。

リーダーシップは情報戦

サルカは情報には質的情報と量的情報があり、その2つをできるだけ多く、なおかつバランスよく集めることがリーダーには必要だと述べています。

とくに組織が大きくなればなるほど、間にマネージャーが入ってくるほど、リーダーは最前線のスタッフの持つナマの情報が手に入りにくくなります。ですからときには、マネージャー会議の回数を減らしてでも、最前線のスタッフと時間を共有し、現場の情報を教えてもらう機会を作ることが必要だと思います。

ときには自ら現場に足を運んで情報を集めることも必要です。

1970年の大阪万博開催中のことです。夏の暑い日、後に商売の神様と言われる松下幸之助氏は、松下電器のパビリオンに並ぶ人の列の中にいました。途中で社員が気がつき、「会長、なぜそんなところに並んでいらっしゃるんですか！」と慌てて声をかけましたが、幸之助氏は、「いいから」と言ってそのまま約2時間ほど、自分の順番が回ってくるまで列に並び続けました。そして、パビリオンに着くとすぐに、スタッフを呼び寄せ、並んでいるお客様に日除けとなる帽子を配るように指示を出したのです。真夏の炎天下で2時間、その間、松下館の周りには日陰となる場所が一切なく、並んでいる人たちが、暑さに苦しんでいたことを、実際に自分がお客様と同じ経験をすることで幸之助氏は知ったのです。それは、今、お客様がもっとも求めているものは何か、という貴重な情報でした。

このとき配った帽子がお客様に喜ばれたのはもちろん、帽子に「松下館」と文字が入っていたことで宣伝効果が生まれ、松下のパビリオンにはさらなるお客様が詰めかけることになりました。

必要な情報はどこに行けば手に入るのか、誰に聞けば手に入るのか、リーダーは常に心がけていなければならないということです。

そして最後にもう1つ。リーダーが決して忘れてはいけないのが、情報を提供してくれた相手に「ありがとう」と、きちんと言葉に出して感謝することです。

自分の情報には価値があり、リーダーがそのことを認めてくれていると感じることができれば、スタッフはより一層心を開き、情報を喜んで提供してくれるようになるのです。

できる人材には自由を

リーダーが果たすべき第2の責務は、部下を財産とみなすことです。

組織の財産は、「物」と「金」と「人」の3つしかありません。その中でもっとも価値の高い財産は「人」だと私は思います。お金を稼ぐのは人ですし、物を作るのも人だからです。

昔は企業が融資を受けるには不動産担保が取れることが必須条件でしたが、今はいい人材がいればベンチャーキャピタルがお金を出してくれます。実際、私が知っているケースでは、元リクルート、元官僚、元銀行員という黄金トリオが中心になって、各企業で活躍した実績を持つメンバーを集めてドリームチームを作ったら、ベンチャーキャピタルが1億5000万円の融資をしてくれたという例がありました。

いい人材さえいれば、お金を稼ぐのはもちろん、資金を集めることだってできるということです。でも、考えてみてください。仮に最初に1億5000万円の資金があったとしても、いい人材を集めることはできないのです。やはりお金より人なのです。

人に勝る財産はありません。たまに、社員の質はそれほどよくなくても、システムがよければ結果は出るのだから、システムがもっとも大きな財産だという人がいます。でも、そのシステムだってもとをただせば人が作ったものです。

「企業の財産は人」そう謳《うた》っている企業も少なくありませんが、実際に社員を財産として扱っている会社はほとんどありません。

なぜ、人材を大切に扱えないのでしょうか。

それは、人を財産として扱うとはどういうことなのか、わかっていないからです。

日本ではマネージャー職を「管理職」と言いますが、この呼称からして認識が間違っていることを示しています。部下や従業員を「管理すること」は、財産として大切に扱うことではありません。

サルカはそのことを「従業員は『戦略的財産』であり、『競争における優位』だと断言しておきながら、つまらない規則や条例で従業員をがんじがらめにしている」と非難しています。

私も彼の意見に賛成です。

私が以前勤めていたあるコンサルティング会社は、とてもすばらしい会社だったのですが、ある日突然、セールスの仕方を厳しく管理するようになってしまいました。

当時私が扱っていた商品は、ちょっとまとまった額の教材でした。基本的なセールス方法は、まず相手に電話をして、自分の会社を知ってもらうためのテープを送り、そこで興味を持ってもらった相手のところに出向いていってセールスとクロージングをするというものでした。

でも私は、自分なりのやり方でトップクラスの実績を出していたので、電話によるアプローチはほとんどしていなかったのです。

ところが、ある日、「全員、電話のアプローチを毎日１００件し、そこから50件にテープを送れ」というノルマが課せられたのです。しかも、誰がいつどこにどのぐらいの時間コールしたか、すべてデータ管理されたのです。

社長がやり方を変えた背景には、他社がこのやり方を導入して業績を上げたという事実がありました。

私は電話をしなくても、今までのやり方で結果を出しているのだから管理してほしくないと申し出ましたが、受け入れてもらえませんでした。理由は、「おまえのやっていることは他の連中にはできない」というものでした。

結局このことが原因の１つとなり、私はその会社を辞めたのですが、私のほかにも自分のやり方で結果を出していた優秀な社員が何人かこの会社を去っています。

誤解してほしくないのですが、このやり方を導入したおかげで、その会社は業績をさらに伸ばしています。つまり、会社からすれば、社長の読みは正しかったのです。

しかし、同時に優秀な人材を失ったのもまた事実なのです。

ここから学べることは、スタッフに対する指導はすべて同じではダメだということです。

課題の半分も結果の出せない人、または、現状のやり方で赤字を出しているような人は、ノルマとそれを達成するための方法論を与えてしっかり管理したほうがよい結果に結びつきますが、自立した人間、目標値以上の結果をすでに出している人に対しては、自由を与えたほうが結果に結びつくということです。

本当に有能な人材というのは、数は全体の5％ほどしかいませんが、そういう人たちは、じつは管理せず、自由にさせたときに最高のパフォーマンスを発揮するのです。

そこを見極めて、**誰を管理し、誰を自由にすればいいのかセレクトするのも、リーダーの大切な仕事**だと思います。もっともいけないのは、誰でも十把《じっぱ》一絡《ひとから》げに管理、または自由にしてしまうことです。

自分が尊敬したいリーダーになる

リーダーが果たすべき責務の最後は、組織のあらゆるレベルでリーダーを育てることです。組織のあらゆるレベルでリーダーを育成するというのは、じつはとても難しいことで、私にとっても大きな課題の1つです。

もっとも優秀な人材というのは、自分自身がリーダーになるのはもちろん、リーダーを育てることのできる人材です。リーダーを育てるということは、自分がリーダーになる以上に難しいことなのです。

サルカはここでFDNYのリーダー育成方法として、2つのことを述べています。

1つは、すべてのスタッフに自分自身はリーダーになるんだという「リーダーとしての自覚を持つように激励する」こと。そしてもう1つは、「部下に見習ってほしい価値や行動の首尾一貫した手本を示さなければならない」ことです。

この2つは一見矛盾するようですが、そうではありません。2つの視点を持ってリーダーを育成して初めて「組織のあらゆるレベル」でリーダーを育成できるのです。

この2つが矛盾しているように感じてしまうのは、リーダーというのは管理職のことだという根強い固定観念が私たちの中にあるからです。第2章でも述べましたが、リーダーシップというのは、たった1人でも機能するものであり、人が2人でも集まれば、どちらかはリーダーだということを、もう1度思い出してください。

まず、「リーダーの資質を持つ若き消防隊員を教育し、指揮官登用テストを受けるよう勧め、勉強の手助けをする」。つまり、全員をリーダーに育てようとするのではなく、資質のある人をセレクトし、その人をサポートして育てることは、組織の中で多くの人を導くリーダーを育成するために、リーダーがなすべきことです。

日本の多くの企業は、いまだに学歴でリーダーの資質を量ろうとする傾向があります。しかし、リーダーシップというのは、人をまとめる力、人を率いる力ですから、学力がリーダーとしてのもっとも大切な資質だとは言えません。そういった意味では、日本の企業のリーダー育成環境は欧米より遅れています。

アメリカがうまくいっているのは、たとえば証券会社なら、エグゼクティブはMBA以上、ブローカー（セールス）は学士以上、というように、ある程度の棲《す》み分けができているからです。

棲み分けができている分、彼らはそれぞれ自分の仕事にプライドを持っています。ブローカーもエグゼクティブに使われているという感覚は持っていません。エグゼクティブは管理職だからブローカーを管理する立場にあり、彼らは年俸制で給与が決まっている。でもブローカーはコミッションで結果を出せば出しただけ、大きな報酬を受け取ることができるというように、それぞれの違いを上下関係ではなく、スタンスの違いとして認識しているのです。

日本でこれにもっとも近いのは、保険会社の本社社員と営業の女性たちの関係だと思います。

そうした中で効力を発するのが、すべてのスタッフに自分自身はリーダーになるんだという「リーダーとしての自覚を持つように激励する」ことなのです。これが、いわゆる管理職ではない人々のグループの中で、自分の仕事にプライドを持つ立派なリーダーの育成に役立っているのです。

しかし、リーダーの育成には、もう1つ大きな問題があります。

それは、**スタッフをリーダーになりたいと思わせること**です。

自分がリーダーなんだということを意識させ、リーダーとしてのアイデンティティーをインストールするだけでは、部下は「リーダーになりたい」とは思ってくれません。

なぜだかわかりますか？　わからなければ、自分の身近なリーダーを思い浮かべてください。

あなたはその人のようになりたいと感じていますか？

最近、リーダーなんて大変だ。リーダーなんかなりたくない。リーダーになってもメリットがないでしょう、という人が増えてきているのです。

でも、それもリーダーの責任です。身近に尊敬できるすばらしいリーダーがいれば、たとえそれがどんなに大変な立場だったとしても、「自分もあの人のようになりたい」「あの人のようなリーダーになりたい」という思いが自然と湧いてくるものだからです。

サルカが、リーダーは「部下のリーダーシップを鼓舞し、部下に見習ってほしい価値や行動の首尾一貫した手本を示さなければならない」と言っているのは、そういうことなのです。

自分自身が部下から尊敬されるようなリーダーになる。それが、リーダー育成の第一歩だということです。

自分のマイナス感情と向き合う

第３章で扱った３つの責務は、リーダーシップの土台となるものです。そして、もうお気づきかも知れませんが、この３つの責務を果たすために必要不可欠なのが、第３章の最後で取り上げているコミュニケーション能力の向上です。

どうすればコミュニケーション能力を高めることができるのかという問いに、著者は「自分の内部で何が起こっているのか直視しなければ、部下とよい人間関係を結ぶことはできない」という言葉で答えています。

つまり、洞察力を磨き、自己の内面を直視しろと言っているのです。そして、①自分の心の葛藤を暴く、②自己認識を修復するための時間を毎日持つ、③目標と評価を紙に書く、④信頼できる人に自分を査定してもらう、この４つを洞察力を磨く方法として紹介しています。

自分の心の葛藤を暴くというのは、自分のマイナス感情を知るということです。

ここでサルカは、自分がビリー・マッギンという若く優秀な部下に、無意識のうちに「自意識が脅かされていた」経験を、じつに素直に告白しています。

じつは、この部分は、私が本書の中でもっとも感銘を受けた箇所です。自分のマイナス感情と向き合い、克服したリーダーはいても、その経験を素直に告白し、読者と共有しようという姿勢を見せてくれたリーダーシップの本に、私はいまだかつて出会ったことがなかったからです。誰だって自分の心の中をさらけ出すことには恐怖を感じます。その恐怖を乗り越え、本書を綴った著者の態度に、リーダーとしての誠実さを感じました。

このくだりを読んだおかげで、私の心に長年引っかかっていた1つの疑問が解けるというすばらしい経験もさせてもらいました。

私がコンサルタント会社に勤めていたときのことです。当時私は26歳、転職したこの会社で、上司からものすごくイジメられたのです。上司は46歳、部長職で大変な実績のある人でした。

部長から命じられたノルマもすべてきちんとこなしているのに、なぜ私だけが、まるで親の敵《かたき》のようにイジメられるのか、ポジティブシンキングを信条にしている私でも、さすがに悩みました。その後、私は独立してしまったので、結局なぜイジメられたのかわからずじまいのまま、そのときのことが心に小さな引っかかりとして残っていたのです。

それが、この本を読んだとき、「ああ、これはあのときの部長の心だ」と気づき、長年の疑問が氷解したのです。

その部長はとても優秀な人でしたが、年齢は社長と同じ、そのため社長の後継者になることは望めませんでした。そこに入ってきた私が、そこそこの成績を出し、社長にかわいがられ、「僕は会長になるから道幸君を社長にしよう」などと冗談半分で言っていたのですから、おもしろくなかったことでしょう。でも、そう思ったとき、私は少しうれしく感じました。それは私を嫌っていたと思っていた部長が、本当は、私のことを評価してくれていたのだとわかったからです。

私も社会人になってからは、嫉妬心を感じなくなりましたが、学生時代はどちらかというと落ちこぼれでしたから、ありとあらゆるものに嫉妬していました。そして、イジメはしませんでしたが、そのたびに「くそっ」と思ったり、「アイツうまくいかないといいな」と思っていました。ですから、部長の気持ちも、著者がビリーに抱いた気持ちも理解できます。私も近い将来、誰かにこのような感情を抱くかもしれません。

自分の行動や言動が、自分の心の中のどんな思いに根ざしているのか、自分でも気づいていない人はたくさんいます。自分の心を見つめること、とくにマイナス感情と向き合いそれを認めることは、とてもつらい作業です。しかし、自分の心を内省することは、他人の心を理解できるようになる最短の道なのですから、ぜひ勇気を持って取り組んでいただきたいと思います。

感情のコントロールは時間管理

サルカはビリーとの関係について、「理由がわかり、よくよく自分の感情を分析していくと、私は彼と平和的に共存できるだけでなく、彼から学ぶことさえできるとわかった。実際、それ以降、私たちはとてもよい友人になった」と述べています。リーダーが**自分の心を知る目的は、自分の感情をコントロールし、よい人間関係を築くこと**にあります。

物事がうまく進まない原因が自分自身にあることは、意外と多いものです。

ビリーのときのように、相手が感情の引き金となっている場合は、反省することで乗り越えることができますが、そうではないところに原因がある場合もあります。たとえば、夫婦喧嘩をし、そのときの感情を引きずったまま会社に行って部下にあたってしまったり、ある部下に感じている怒りを引きずって、他の社員に嫌みを言ってしまったり。私も以前はこうした感情のコントロールがあまりうまくできず、スタッフにイヤな思いをさせたことが多々ありました。

しかし、あるメンターの言葉が、私に感情のコントロールのヒントを与えてくれました。それは、**時間管理とは感情の管理だ**という一言でした。

時間は感情で構成されています。その時間にどういうエモーションを受けたいのか、自分で意識的にセレクトすればいいのです。

よい感情を持ったときは、そのエモーションを大事に次につなげ、マイナス感情を持ってしまったときには、次のアクションまでにインターバルを設け、自分の感情を意識的に切り替えるということです。

野球で名バッターといわれる人というのは、こうしたエモーショナル・コントロールのうまい人です。なぜなら、バッターボックスに入ったときに、前の凡退したときの感情を引きずっていたら絶対に打てないからです。どんなにバッティングが上手な人でも、打率が４割行く人はそういません。つまり、10回バッターボックスに立っても、そのうち６回は打てないのです。その打てなかったときの感情をいかに早く捨てられるかが、一流選手か否かを分けているのです。

では、どうすればいち早くマイナス感情を捨てることができるのでしょう。

私が採用しているのは、体を動かすという方法です。両腕を肩の高さまで上げ、胸を張るようにして両肘を勢いよく後ろに引く。この動作を20回ほどリズムよく続けると、不思議と気持ちが上向いてきます。

体の使い方を変えると、感情にアクセスすることができるので、皆さんもぜひいろいろな動かし方を試して、もっとも自分が前向きになれる動きを見つけてください。

感情の切り替えを意識していても、失敗したり、あまりに大きな感情で捨てきれずに失敗してしまうこともあります。そういうときは、失敗した、これは八つあたりだ、と気づいたときにすぐに、相手に謝るようにしましょう。謝るときに大切なのは、どういう理由でマイナス感情を持ってしまっていたのかを相手とシェアすることです。

たとえば、夫婦喧嘩が原因で部下に八つあたりしてしまったら、「すまなかったね。じつは今朝妻と喧嘩をしてしまってね。君は悪くないのに八つあたりをしてしまった。次は気をつけるよ」と言うのです。

これによって相手は、あなたに親近感と人間味を感じ、許すだけでなく好印象を持ってくれるでしょう。**よい人間関係を作ろうとするなら、ときには弱みをさらけ出すことも大切だ**と私は思います。

また、きちんと説明して謝るようにしていると、同じ失敗を繰り返したときに、同じ相手に何度も謝らなければならなくなるので、より強い意識でエモーショナル・コントロールを心がけるようになるというメリットもあります。

リーダーシップの究極の奥義

洞察力を磨く方法の2つ目は、自己認識を修復するための時間を持つことです。

自己認識を修復するというのは、1人静かに自分の心と向き合い、自分のポジションを確認する時間を持つということです。具体的に言えば、自分はどうして彼にイライラを感じるのかとか、あの部下が仕事を一生懸命やらないのはなぜかとか、自分の失敗するパターンを考えたり、とにかく自分の中にある問題感情を1つずつ丁寧に、自分と対話しながら解決していく作業です。

私もこうした自己認識の修復作業は、最初の著作『加速成功』（サンマーク出版）にも書きましたが、ずっと続けています。どこからも邪魔の入らないパーソナルな環境に身を置き、携帯電話の電源も切り、ノートを開きます。そして今感じている自分のマイナス点、うまくいっていることとうまくいっていないこと、会社の状態、自分はこれからどこへ行くことを望んでいるのか。人間関係なども、きれい事じゃない正直な自分の感情と向き合います。自分の心の葛藤、解決策、思いの丈をすべてノートに書いて整理していくのです。

洞察力を磨く方法の3つ目に「目標と評価を紙に書く」とありますが、この自己認識の修復作業のときにノートに書き出すことをしていれば、改めてこの作業をする時間をとらなくても済むうえ、ただ考えているより自己認識の修復作業が数段早く進むので、ぜひこの2つの作業は1つにまとめてやっていただきたいと思います。

「自分と対話する1時間を持つ」というのは、とても大切なことです。他のリーダーシップの本で自己認識の修復に触れているものに私はまだ出会っていませんが、これこそ、リーダーシップの究極の奥義と言っても過言ではないとさえ思っています。

洞察力を磨く4つ目の方法、**信頼できる人に自分を査定してもらうというのは、多面評価のための作業です。**独善的判断に陥らないために、また、自分で自分の心を誤魔化してしまっていないか確認するための作業ですから、自己認識の修復作業ができていて初めて役立つものと言えます。

私の場合はコーチがいるのでコーチングの流れの中で、自分のことをどう思っているか聞いてみたり、妻や会社の幹部といった身近で信頼できる人に聞いたり、一緒に仕事をしている信頼できる人に意見を求めるようにしています。

こうした他人の意見はたとえ耳に痛いものだったとしても、素直に受け入れるべきです。しかし同時に、あまり強く影響を受けるものではないとも思っています。なぜなら、どれも本気で言ってくれた貴重な意見であることは確かですが、そこにはその人の感情というフィルターがかかっているからです。**もっとも信頼できるのも、もっとも自分の将来を考えているのも自分であるということは忘れてはいけません。**

信頼できる人に頼って意見はもらうけれど、それはあくまでもアドバイスとして受け入れ、最終的な判断、自分自身のポジショニングを決定するのは自己責任で行うべきでしょう。

第5章　部下をどう動かすか

ＦＤＮＹの隊員たちはみな勇敢なうえ、任務遂行に責任を感じている。その責任感は隊員の体に深く染みこんでいるため、ひとたび炎と闘い始めると、指揮官の退却命令に反する動きをすることさえある。

復活祭の前日の土曜日にアーサー・アベニューで起きたビル火災のときがそうだった。私がすでにホースが伸びた先、ビルの内部をのぞくと、そこにはほとばしるオレンジ色の炎を背景に消防士たちの影がくっきりと見えていた。しかし状況は危険を極めていた。コンクリートでできた床がすでに崩れ始めていたのだ。

これ以上進むのは危険だと判断した私は、すぐに退却しろという指示を出した。しかしそれに反して、ホースは数センチほど「前へ」動いた。退却命令を出したにもかかわらず、隊員たちは炎の中へ進み、闘い続けようとしたのである。私は急いでホースを踏みつけ、退却命令を繰り返した。そうしてやっと隊員たちは私の指示を理解し、退却してくれたのである。

このときのＦＤＮＹの消防隊員に見られるような、任務への高い集中力と、１人ひとりの強い責任感は、リーダーなら誰もが自分の部下に望むものだろう。

では、どうすれば部下をそのようにすることができるのだろうか？

部下を任務に集中させたいなら、リーダーは次の3つのことを行わなければならない。

①組織の使命・価値を明確にする。
②部下に信頼を与える。
③よい職場環境を作る。

リーダーの使命は、部下を動かして仕事を成し遂げ、目標を達成することだ。

そして、その使命を果たすには、この3つをリーダーが提供し、部下との間に「堅い絆」を作り出すことが必要不可欠だ。なぜなら、リーダーと部下の間に強い絆があって初めて、部下はそれぞれが強い責任感のもと最高の仕事をしてくれるからである。

顧客は何を欲しているのか

まず組織の使命・価値を明確にするについてから話を始めよう。

成功するリーダーは、部下に対して組織の使命を明確にして提示しなければならない。

なぜならたいていの従業員は、それを理解できていないからだ。実際に従業員にたずねてみるとわかるが、株主のために儲けて利益を生むためだと答える従業員もいれば、何かを作るため、あるいは何かをするためだと答える従業員もいるはずだ。たとえば、コカ・コーラ社はコーラを生産するために、フォード・モーター社は自動車を製造するために、ニューヨーク市消防局は消火活動をするために存在するのだ、といった具合に。

だが、組織の使命、つまり**組織が存在する本当の理由は、顧客に価値を提供すること**にある。顧客は製品やサービスを買うのではなく、満足感を買うのだ。たとえば自動車なら、顧客は自動車という製品を買うのではなく、自由やステータス、あるいは移動手段といった、自分の求める「価値」を買うのである。

同じように、大半の人はFDNYの任務は消火活動だと考えているが、実際には、FDNYの任務は、火事を消し、火事を予防するだけに留まらない。それは、われわれFDNYの「基本的な任務」が、ニューヨーク市民の生命と財産を守ることにあるからだ。

考えてみてほしい。もし消防士が消火のためだけに存在するなら、顧客であるニューヨーク市民は、火事さえ消してくれればいいと考えていることになってしまう。しかし実際には、FDNYの顧客であるニューヨーク市民は、「火事になったらもちろん消してほしいが、そもそも火事なんか起こらないにこしたことはない」と望んでいる。

顧客がそう望んでいるのだから、FDNYの任務は、単なる消火活動にとどまらず、火災予防も重要な任務となる。私たちが時間を割いてビル点検をしたり、都市計画や建築基準を決める専門家に協力したり、ニューヨーク市民に火災予防の指導をしたりするのはそのためだ。

私たち消防士はそのことがわかっているから、基本任務を果たし、なおかつ顧客が求める価値を提供するために、応急手当てや危険物処理、放火事件の捜査、テロや災害時の救援活動、山岳地帯や海上、飛行機、地下鉄、列車、自動車などあらゆる事故の救助活動、銃撃事件や暴動、野火、地震、建物崩壊などの現場活動もしているのである。

だから、もし部下が会社の使命は何かと問われて的外れな答えをしたら、それはリーダーが組織の使命を理解できていないか、リーダーシップが機能していない証拠である。

優れたリーダーは、組織の存在理由が「顧客に価値を提供すること」にあることを知っているので、顧客が求めている価値は何かを常に考え、部下に伝えるという義務を果たしている。

反対に、こうした視点を持たないリーダーが率いる組織は、一種のゆがんだ官僚主義に支配され、組織内部の作業手順、構造、利害が重要視されてしまう。その結果、顧客ではなく、組織自体がその存在理由になってしまう。

価値を決めるのは顧客だ。そして、価値を決めるのが顧客だということは、あなたのビジネスを左右するのは顧客だということである。

したがって今日の組織や企業は、「顧客とは誰か」、そして「顧客は何を求めているのか」ということを常に自問する必要がある。企業が自らの使命をしっかり理解するには、顧客は誰なのか、何を求めているのかを正確に把握する以外に方法はない。顧客を無視して製品だけで使命を定義し続ける組織は、生き残れない。

情報は下から上に

顧客にもたらす価値によって組織の使命が形作られている。ということは、使命を知るには、顧客の求める価値、顧客にもたらす価値は何かということを、常に把握している必要がある。それを知る唯一の方法は、できるだけ顧客の近くにいることだ。

だが皮肉なことに、リーダーは出世するにつれて顧客からも、そして部下からもどんどん遠ざかっていく。つまり、組織の使命や価値を実際に変えられる地位に就いたときには、現場から遠く離れてしまっているので、顧客の要望や部下の不満を理解できなくなっているということだ。だからこそ、現場へ出て顧客や前線の部下とできるだけ話をすることが、リーダーには重要なのである。

たとえば私の場合、消防局での仕事のほぼすべてを、顧客や前線の隊員と接触するきっかけとするよう心がけている。緊急呼び出しやビル点検のたびに市民や隊員と交流すれば、市民がFDNYに求めていることを直接聞けるし、隊員からのフィードバックも集めることもできる。

これは決して難しいことではない。自分自身の使命と価値を見つけたのと同じ方法を使えばいいからだ。「煙」を追い、隠れた現実に向き合い、過去と現在の出来事を吟味し、質問して精査する。気をつけるのは、たとえ耳に痛い言葉でも聞こうとする前向きな気持ちを持つことだけだ。この気持ちさえあれば、どんな職種であっても、リーダーが顧客の近くにいることができる。たとえば営業職なら、担当者とともに外回りをしよう。そうすれば顧客があなたの組織をどう思っているかがわかる。仕入れ先などから話を聞くこともいい方法だし、想像力を働かせて自分が顧客になりきり、顧客の視点から自分の組織を見ることも顧客の要求を知るにはよい方法だ。

部下と交流を深める努力も必要だ。「君の意見を聞かせてほしい」と部下に伝えるのだ。消防士でも救急隊員でも、販売員でも船積み責任者でも、現場の部下はみな顧客や出資者や仕入れ業者と毎日交流している。そうした部下と過ごすことで、組織の価値が生産的行為を鼓舞しているのか、それとも仕事の邪魔になっているのか、自分の目で確認できるはずだ。

つまり、**情報が下から上へ流れやすくなる仕組みを作る**ということだ。組織というのは、どうしても上から下へと情報が一方通行になる傾向がある。そうした流れと闘い、もしあなたにその権限があるなら、グループやチームの垣根を取り払おう。そうすれば情報があらゆる部署やグループへ流れこみ、社員同士の交流にも新鮮みが生まれ、新しい視点を発見できるだろう。

縄張り争いを排すには

ＦＤＮＹは、信頼性の高い組織作りに「価値」がいかに役に立つか、かなり以前から気づいていた。私たちの使命は人命救助なので、愛や勇気や英雄的行為といった高尚な価値を主張しても違和感はない。そうした高尚な価値は、隊員を日常の自己から目覚めさせ、並はずれたことをするよう鼓舞する。

しかし、その高尚な価値を隊員が建設的な心構えや行動をもって体現できるようにするためには、リーダーが実践的な価値を明確にする必要がある。

たとえばＦＤＮＹであれば、体が疲弊し気力のすり減る過酷な仕事にも隊員が耐えられるように、肉体や精神を健康に保つことの大切さを教えたり、どんな環境に置かれても常に集中して意識を配ることの大切さを、身をもって示すということだ。そうすれば隊員は、自ら周りの状況に常に気を配るようになる。

さらに、ＦＤＮＹのリーダーは、使命を特別な目標に置き換えることによって、使命に命を吹き込むことにも成功している。

ＦＤＮＹの使命「ニューヨーク市民の生命と財産を守ること」を、現場までの出動時間、対処できる緊急事態の種類、消火と人命救助の成功率といった具体的な目標に置き換えるということだ。これには、使命が筋の通った明確なものになるというメリットだけでなく、使命が実際に達成可能な目標になるので、隊員たちは余計なことを考えずに、その目標達成に向けて一心に努力することができるというメリットが生まれる。

リーダーが組織の使命を理解してしまえば、それを活用して部下を指導したり、彼らが一心に努力できるよう手助けしたり、資材をより効果的に割り振ることができるということだ。

部下に**組織の外の視点を内に取り入れる**という原則を教えれば、部下は組織の各分野でなされる業務を広い視野でとらえられるようになり、それが組織全体の使命にどう貢献するかも理解できるようになる。この新しい視点によって、従業員が縄張り争いにしのぎを削ることも減るだろうし、狭義の利己主義に目がくらむこともなくなるだろう。

自分の任務にばかりとらわれる視点から脱却し、組織全般にわたって有意義な結果を出すために互いに協力できるようになるのである。

洞察力のあるリーダー

1993年のワールド・トレード・センター爆破事件発生後、特殊部隊の指揮を執るレイ・ダウニー大隊長は、将来FDNYは増加するテロ事件に対処することになるだろうと予見した。爆破事件だけではない、生物テロ、化学兵器、核攻撃といった脅威に立ち向かうためにも、FDNYは、すぐにでも能力向上をはからなければならないとダウニーは気づいたのだ。

当時のFDNYには、ダウニーが予見したような特殊な事態に対応する専門チームは、クイーンズ地区を拠点とする特殊部隊の危険物処理隊1つしかなかった。

この「危険物」という言葉が意味する範囲はじつに広い。炭疽《たんそ》菌《きん》攻撃から燃料漏れ事故、化学工場火災に至るまで、あらゆる事故に対処するために作られたチームだからだ。

このチーム自体には問題はなかったが、さまざまな危険が予想されるニューヨークという街にこうしたチームがたった1つしかないというのは問題だった。

そこでダウニーは、特殊部隊内にあった機動救助隊を新たに6班作り、危険物処理隊の役割を与えることで複数の危険物事故に対処できる態勢を作り出した。

しかし残念なことに、多くの組織は、こうした業界の変化に対峙したがらない傾向が強い。だが組織が長期にわたる成功を収めるためには、こうした社会変化をすばやく察知して対応することが必要不可欠なのである。情報を積極的に集めなかったり、情報自体が不足したりしていると、現実像が損なわれるということを忘れないでほしい。そうしなければ、私たちはチャンスにも危機にも気づかなくなるだろう。

「組織の使命や価値を明確にする」ということは、現実を直視することだが、それは同時に、できるだけ多くの情報源からできるだけ多くの役立ちそうな情報を集め、現在の使命・価値とともに、まだ発生していない使命と価値に対応することでもある。

この2つはコインの裏表なのだ。

組織が必要としているのは、こうした事業環境を把握し、組織をそれに適応させる方法を理解しているリーダーなのだ。

それは、たとえ部門責任者ではなくても、組織の目的地はどこか、どうやってそこへ到達するのか、どんな障害とチャンスが待ち受けているのかを把握する責任が、リーダーにはある。少なくとも組織の使命と価値を理解し、それを部下に伝えて、自分たちがすることは組織全体がすることに結びついていると教えなければならない。

リーダーであるあなた自身が使命を理解せず、部下にその意味を伝えられなければ、部下を指揮することは不可能だからだ。

洞察力のあるリーダーは、組織の使命を支える価値を念入りに定義しその見本を作ることによって、すばらしい結果を出すのである。

部下を守る盾になる

部下を任務に集中させるために、リーダーが行わなければならないことの2つ目は、**部下に信頼を与える**ことである。

使命や価値が、より高度な成果につながる習慣や心構えを生むのは、組織のリーダーが部下を熱心に支え、その価値を自らも実践している場合だけだからだ。

企業倫理が危機に瀕しているときに、組織の本当の価値とは無関係な新しい企業価値を設定して対処しているリーダーが多いようだが、この手のご都合主義ほどリーダーの権威や威信を傷つけるものはない。

従業員はリーダーを尊敬したいと思っている。だがリーダーのこういう行為を目の当たりにすると、リーダーを尊敬できなくなってしまう。そうしたとき、部下が出す結論は2つしかない。リーダーのことを組織の価値が機能不全を起こしても意に介さない冷たい偽善者だと考えるか、あるいはリーダーは組織の中で実際に何が起こっているのかまったく知らないのだと考えるか、の2つである。

どちらの結論からも、リーダーシップへの信頼感は生まれない。一時しのぎの価値設定が失敗に結びつき、問題を解決するどころか反対に増やすのはそのためだ。

FDNYのリーダーシップが成功しているのは、FDNYのリーダーが、「信頼感」を与えているからだ。

この信頼感は、リーダーが部下を守る盾として働いていることから生まれている。

リーダーは隊員をけたはずれの恐怖やストレスから隔離するために全力を尽くしているし、部下は状況が一転して危険が増したら、指揮官が部下を危機から無事に救い出すために必死になることを「知って」いるということだ。

FDNYの隊員は誰もがリーダーを信頼しているから、使命を果たすことに全エネルギーを注ぎ込めるのだ。

信頼は、とくにストレス下で仕事を遂行するためには欠かせないものである。

リーダーと部下の間に信頼関係がある場合、部下がストレスを感じると、あなたへの信頼や信用が、恐れや不安を制御する盾のように働く。この信頼の盾を、リーダーシップ研究の権威ロナルド・ハイフェッツは「抱きかかえる環境」と呼んでいる。

信頼は、どんな組織でも決定的な役割を果たす。たとえば、組織の長期にわたる成功のカギは、競争力を維持するために必要ならば変化しようとする能力である。信頼があるからこそ、部下は変化につきものの不安定さや混乱、痛みにも耐え、長い目で様子を見ようとするのである。

信頼が成功の条件

1993年2月26日、第1機動救助隊のジョン・フォックス小隊長は、ワールド・トレード・センターへの出動要請を受けると、消防車によじ登り、指揮官の定位置である運転士の隣に陣取った。

そのときはまだ、たいしたことはないだろう、とフォックスは思っていた。しかし、火災の規模を示す緊急アラームの音が、第3アラーム、第4アラーム、第5アラームが2回鳴るのを聞くに至り、ついに現場で作業することを覚悟した。

車がウェスト・ストリートに到着するやいなや、フォックスは現場を観察した。消防車がてんでに勝手な角度で停められ、消防服を着こんだ隊員の群れが、ワールド・トレード・センターへと向かっていた。それは街で起こる大規模な火災現場と同じ眺めだった。このときのフォックスには知るよしもなかったが、じつはこのとき新たな世界紛争の始まりを告げる弾丸が発射されたのだった。イスラム教過激派が、５００キロ近い化学物質と水素シリンダーを詰め込んだ貸トラックをビルの地下2階の駐車場で爆発させたのである。

爆風は地下の7フロアを吹き飛ばし、その日のうちに、6人が死亡し、１０００人以上が負傷した。もっとも、これは8年後のさらなる大惨事の前触れにすぎなかったのだが。

整列した隊員を背後に従えて、フォックスは司令本部が置かれているビスタホテルへ向かった。機動救助隊は専門家集団なので、常に作戦の穴を埋めたり予期せぬ非常事態に対処したりする。だからフォックスは、スティーブン・デローサ副局長が、「行方不明者が1名いる。地下へ行ってくれ」と、声をかけてきても驚かなかった。

行方不明の消防士の捜索は最優先事項である。これこそが隊員同士の絆であり仲間意識のもととなっている。私たちは仲間を助けるためなら何でもするし、彼らが私たちのために同じことをしてくれることもわかっている。

このときの「地下へ行く」とは、爆発現場である駐車場へ下りるという意味だった。

第1機動救助隊が第1タワーの地下へ下りたとき、フォックスは、第5アラームが2回鳴った意味を理解した。そこはまるで戦闘地帯のようだった。煙が暗くたちこめ何も見えない。壊れたパイプから水が吹き出し、ワイヤやケーブルがずたずたの天井から垂れ下がり、熱い煙の中でばちばちと火花を散らしている。

駐車場の床一面に転がっている車はコンクリートの粉に覆われ、どれも長い間放置されていたかのようだ。燃えている車もあった。鮮やかなオレンジ色の炎が、ぐちゃぐちゃになった車体でめらめらと揺れていた。

行方不明の隊員、ケビン・シーの姿はどこにも見えなかった。

そのときシーは、ニューヨークでもっとも高いビルの下にできた巨大なクレーターの底に、仰向けに倒れていたのだ。片足を負傷していて、無線も役に立たない。できることと言えば、燃え上がる車がたてる轟音に負けじと声を張りあげ、助けを呼ぶことだけだった。

フォックスと第1機動救助隊がシーの声に気づき、クレーターの縁へ進んだ。シーはケガでよじ登ることができなかったので、誰かが助けに下りなければならない。誰が下りるか、議論されることはなかった。フォックス小隊長は指揮官だ。だから彼が行く。ロープをくくりつける場所がなかったので、機動救助隊の隊員と応援に加わっていた第6および第101はしご隊の隊員がロープを握り、フォックスをクレーターの底へ下ろした。

フォックスがシーを発見したとき、頭上の爆発でえぐられた上の階から大きなコンクリート片が落ち始め、2人の周囲を連打した。車の近くでも爆発が始まり、耳をつんざくような轟音と金属やガラスの破片が2人に浴びせられた。フォックスはシーのもとへ這っていくと彼に覆い被さり、上の隊員たちが救出を開始するまでなんとか最悪の事態からシーを守った。

FDNYのリーダーが成功しているのは、こうして培われた部下の信頼のおかげである。

ＦＤＮＹの隊員が、走り出てくる人波に逆らって燃えさかるビルの中へ走り込んでいけるのは、「信頼」のおかげである。隊員同士の信頼、そしてリーダーへの信頼だ。小隊長も中隊長もその上の指揮官も、「敵」を食い止め隊員を生きて帰らせるためにあらゆる手を尽くしてくれると、消防士は信じている。

信頼の第一歩も自己認識から

しかし、危機的状況で英雄のように振る舞ったからといって、それだけで部下との信頼関係が築けるわけではない。部下の信頼を得るには、リーダーは、常日頃から2つのことを示す必要がある。その2つのこととは能力と一貫性である。

あなたが誠実で正直なら、部下はあなたを尊敬するだろう。しかし、仕事ができなければ信頼はしない。だから、あなたがリーダーとしての能力を持っていることを示すことが、信頼に結びつくのである。

さらに、部下があなたを心から信頼するためには、その能力の示し方に「一貫性」があることが必要だ。気が向いたときだけ約束を守ったり、ときどき理想を掲げたり、たまに先頭に立ったりするのではダメなのだ。

部下はあなたのどんな小さな身振りも些細な言葉も見逃さない。取るに足らない日常的な行動が、部下の信頼を燃え上がらせたり消したりするのはそのためだ。このことがわかっていないと、あなたは信頼にきりきり舞いさせられるだろう。数年かけてようやく築き上げても、ほんの一瞬で壊れてしまうからだ。

こうした信頼の破綻は、多くの場合、リーダーが自己認識に欠けていることが原因で起こる。だから、信頼を育むときにもっとも重要なのは、自分のどの行動が信頼の土壌を育て、どの行動が信頼の土壌を損なうかを理解することである。

これがわかれば、あなたは自分のリーダーシップを軌道修正することができる。

信頼は自己認識から始まる。そして自己認識を深めるには、第3章（63ページ）で述べたように、**自己探求に時間を割くことが必要だ。**具体的に言えば、自問自答するとともに、友人に協力してもらい自分の行いや態度に意見してもらったり、部下の言葉に耳を傾けたりすることだ。

それには、自分と友人たちに次のような質問をしてみればいい。

「自分は部下のために基準や価値をはっきり定めているだろうか？　また、その基準や価値に合うような行動をしているだろうか？」「自分の行動や決断は目に見えるものだろうか？　部下は私が何をどんな理由でそうしているか知っているだろうか？」「部下と彼らの目標に影響を与えるような決断に、部下を関わらせているだろうか？」「決断を部下に逐一伝え、結論を共有しているだろうか？」

この質問で見つかるものが手助けとなって、部下の目にあなたが信頼できるリーダーとして映っているかどうか見極められるだろう。

明確な基準という透明性

信頼を生む環境作りに必要なのは、あなたが下す決断には一貫性があり、しかもその決断は正しいということを部下に見せることである。つまり信頼を築くには、**リーダーに透明性が必要だ**ということだ。

ダニエル・ゴールマン、リチャード・ボヤツィス、アニー・マッキーはその著書『EQリーダーシップ』で、この透明性を「感情、信念、行動を他人にあけっぴろげにさらけ出すこと」と定義している。したがってFDNYにおいては、透明性とは、**リーダーは真っ先に飛び込み、最後まで残れ**という言葉を言い換えたものと言える。

いずれにしても、重要な問題に取り組むあなたの姿を部下に示すということだ。

透明性には、部下を目標達成と価値提供の方向へ必ず向かわせるパワーがある。透明性のおかげで部下は結果のみならず原因も見ることができるからだ。

FDNYのリーダーシップの仕組みも、透明性の原理を礎にしている。たとえば、組織の昇進の仕組みが完全に透明なのもその1つだ。

4年に1回実施されるこの試験は、消防隊員が指揮官に向いているか、指揮官がより高い地位に昇進できる能力があるかを見るものだが、副局長へ至るまでのあらゆる階級で、異なる試験に合格しなければならない。

試験問題はたいてい100問だけだが、この100の質問の内容が、ニューヨークの建築条令、構造的倒壊危険度、放火事件捜査、爆薬、物理学、工学、マネージメントと多岐にわたるのだ。あらゆる引火性物質の発火温度や、建築資材の倒壊温度、おびただしい数のビルや火災に関する条例を頭に入れなければならないし、消火作業の作戦や戦略、指揮統制の手順、マネージメント理論にも精通していなければならない。多くの隊員は何年もかけて勉強し、なんとかこの試験に合格しようと、必死に勉強する。その大変さは大学の卒業試験にも匹敵する。ただし、大学では試験に落ちてもその単位だけ取り直せばいいが、消防士の試験の場合は、落ちるとまた4年間勉強しなければならないので、大学を1年生からやりなおさなければならないような過酷さがある。

だが、この試験の本当におもしろいところは、部下のリーダーを見る目に影響を与える点だ。なぜなら、新米のプロービーから最年長の隊員まで、誰もが試験のことを知っているからだ。それがどれほど広い範囲を網羅しているか、合格するのがいかに難しいか、そして、もっとも責任感があり、仕事熱心で、有能な隊員だけが指揮官になる権限を与えられるのだということを、誰もが知っているのだ。最年少の小隊長でも、部下である経験15年のベテラン隊員に尊敬されるのはそのためだ。

しかし、FDNY以外の組織では、昇進の理由はさまざまだ。その理由が適性とは無関係なこともある。父親がCEOのゴルフ仲間だから主任に昇進する人もいれば、運良く景気変動に乗ったおかげで利益を出し新たに副社長に就任する人もいるだろう。部下をこき使った営業責任者が昇進することもあるだろう。

だが、こうしたことをしていると、部下はリーダーシップに疑いを抱くようになる。**明確な規準がなければ信頼を得ることはできないのだ。**

リーダーとしての3つの能力

部下の信頼を得るには、リーダーとしての能力を一貫して示すことが必要だと述べた。では、見せるべき「リーダーとしての能力」とはどのようなものだろう。私は3つのことが必要だと思っている。

①期待を設定し、それに応じる能力。
②仕事の才能。
③部下を信頼し、仕事を任せる能力。

まず「期待を設定し、それに応じる能力」から話をしていこう。

信頼は部下に生まれるものであって、リーダーであるあなたに生まれるものではない。あなたにできるのは、信頼されるように努めることだけだ。なぜなら、あなたの行動を見ていた部下が、あなたの指揮に従えば利益があると気づいたときの反応、それが信頼だからである。

したがってあなたは、あなたが部下のためを思っているということを、部下1人ひとりに信じてもらう必要がある。そしてさらに、部下の要求にも関心を持ち、それを満たす手助けをするつもりでいることも、部下に信じてもらう必要がある。

ビジネスの成功のカギが顧客の価値に注目することであるように、部下の信頼を得るカギは、部下が尊重することに、あなたも注目を示すことなのである。

では、部下が尊重することとは何だろう?

彼らが尊重しているのは、世間の人々と同じことである。具体例を挙げるなら、正当な評価、尊敬、成功と成長の機会などだ。

多くの消防士は、多忙な消防署で働くことによって、こういったことを達成する。この場合の「多忙」とは、火災や非常事態が多いということだ。火災や非常事態が多ければ、それだけ自分の資質を示したり、新たな状況に直面することによって、新たな技術を磨いたりする機会が多いことを意味するからだ。

すべての消防署にたくさんの出動機会があるわけではない。だからＦＤＮＹのリーダーは、部下を忙しい署へ異動させることでこの責務を果たす。または、現場でさまざまな責任ある役割を経験させることで、成長の機会を与えることもあるわけだ。

そうやって、部下が行きたい部署へ行けるよう手助けをするつもりがあることを示すことによって、部下の信頼を得るのである。

だから第1の目標は、部下が何を期待しているか明らかにし、それに対処することだ。

誤解しないでほしいのだが、これは部下の気まぐれにいつでもつきあえと言っているのではない。部下の目標を理解し、その達成を手助けするために自分が何をするつもりかはっきりさせるということである。

このとき、部下が望むものを得るために、あなたに何を期待できるのかはっきり部下に説明する必要がある。その内容が部下の期待に添わなければ、彼らは落胆するだろう。しかし、すると言ったことを実行し、部下の期待に常に応える姿勢を見せている限り、あなたは部下の信頼を失いはしない。

だから期待を設定する際には、期待に間違いなく応えることが重要だ。つまり、状況を完全にコントロールしている場合を除いて、絶対だと請け合ってはいけないのである。「誰も解雇されないだろう」とか「来年は必ず昇進するだろう」という言い方をしておきながら、それを確約できなければ、自ら信頼を台無しにする準備をしているようなものだ。

確約できないことは言ってはいけないということである。

成功物語という噂を広める

リーダーが示すべき能力の２つ目は「仕事の才能」である。

信頼を育むには、リーダーは有能でなければならない。だから、自分がどんなに仕事ができるか、「仕事の才能」を部下に見せる必要がある。

当然ながら、あなたの仕事ぶりに関しては、部下に発言権がある。常に仕事の能率や達成率を下げ、経営幹部を激高させ、改革にも失敗するようなリーダーより、敏腕で能力のあるリーダーのほうが目標達成の手助けになるからである。

このとき役立つのが、あなたの評判、つまり「噂」だ。噂には自然に広まる性質がある。そのためＦＤＮＹでも、新しい指揮官が消防署に配属されると、実際に指揮を執る前にもう部下は新しい上司のことを何から何まで知っている。だからこそ、新しい地位に昇進したばかりのときはとくに、よい噂の力を最大限に利用することができる。明るい噂を耳にすれば、部下はあなたを信用したいという気持ちになるからだ。

輝かしい過去を有効活用するためには、影響力の大きい盟友、たとえば組織の内外を問わず部下に信頼されているリーダーに接触して、自分には部下のために納得のいく結果を出す能力があると売りこもう。

物語は、情報を広める強力な手段だ。ひとたび部下の想像力をとりこにすれば、物語は次々と語り継がれ、やがて1人歩きを始める。だから噂の元になる話は、自分の仕事をする能力だけではなく、部下の目標達成に手を貸す能力もあることがはっきりわかるものを選ぶといい。あなたの成功物語を聞いた人は、同じことを自分たちのためにもしてくれるだろうと想像するからだ。

もちろん、よい噂を流したら、それが事実であることを部下に証明するために、あなたが成果を出す場面を部下に見せることが必要だ。そのためには、彼らを意思決定過程に参加させたり、特別な企画や新たな事業の立ち上げに関わらせたりして、何かを教えたり働いたりするチャンスを作ることだ。

そこであなたが情報通で洞察力に優れ、賢明で決断力もあり、部下を指導し向上させたいと望んでいるリーダーであることを知ってもらえば、その部下があなたを支持するだけでなく、彼らがあなたの能力を証言する新たな証人になってくれるだろう。

部下を育てる仕事の任せ方

リーダーが示すべき3つ目の能力は「部下を信頼し、仕事を任せる能力」である。

信頼は、部下のあなたに対する信用度の目安であるだけではなく、相互依存の問題でもあるからだ。

部下に信頼してほしければ、部下を信頼する必要があるということだ。部下はあなたを信頼しているのに、部下は仕事ができないとあなたが考えていたら、彼らはあなたが見積もった通りの低い能力しか発揮しないだろう。

従業員が口うるさい責任者や横暴で自分のやり方を押しつける上司を信頼しないのは、たいていの人は自分を無能とは思いたがらないからだ。

だから、部下を信頼していることを示すもっとも効果的な方法は、部下に責任を負わせることなのだ。部下に適切な責任を負わせれば、あなたが彼らを信頼していると示すことができる。部下に自分で問題に取り組ませるようにすれば、彼らを信用しているんだぞと示すことができる。

この手の信頼は人を鼓舞するものなので、部下はあなたの信頼に足るよい仕事をするだろう。

しかし、えせリーダーはこういう責任委譲を、誤った解釈のもとで行う。忙しいだけで価値のない仕事を部下に押しつけたり、達成不可能な目標を与えたり、決まり切った役割を強要したりして部下を失敗させることが責任委譲だと思っているようなのだ。

これはとんでもない間違いだ！　真の権限委譲とは、新たな決断や企画を誰に任せればうまくいくのか、チャンスを最大限に生かせる部下は誰なのかを分析し、その部下が責任を果たせるように支えることである。

権限委譲とは一種の信頼の輪を作ることであると同時に、リーダーシップの責務を果たすうえで邪魔になる余計な仕事をあえて捨てることでもあるのだ。この点を忘れてはいけない。

部下に責任を負わせる際に知っておいてほしいのは、失敗が信頼を築いたためしはないということだ。部下が必ず成功するとあなた自身が確信していないなら、権限を委譲してはいけない。

ＦＤＮＹにはこんな警句がある。

「綿密な調査をしなければ凡庸につながる」

基本的には、部下の様子をたびたび確認する必要があるという意味である。だが、それは細かく干渉したり、あなたのやり方に従っているかを確かめたりするためではなく、質問がないかを確認し、要所要所で過ちを正し、困難な場面では指導するためである。

それでも部下は失敗するものだ。だから部下には、「正しい」過ちを犯しても責められないということをはっきりさせておく必要がある。彼らが組織の使命達成の過程でつまずいたときは、その失敗を有望な部下と共有するチャンスだと考えるのだ。

失敗をチャンスに変える

信頼とはおもしろいものだ。部下があなたを信頼していれば、何があっても彼らは落胆しないし、どんな目標にも手が届く。しかし、信頼を燃え上がらせる人、言い換えればそういう強さの源である人こそ、信頼を壊す唯一の人でもあるのだ。

たとえば、自分の信念に反する利己的な決断をしたり、有言実行しなかったり、部下に詳しい情報を与えず不安感を抱かせたりするだけでも、信頼を壊していることになる。しかし、そういう事態が起こったときすぐにそれに気づけば、失敗をチャンスに変え、部下の信頼を改めて1つにまとめることができる。

失敗をチャンスに変えるには、まず誤った決断や不正行為など、過ちの証拠があったときには、ためらわず心を入れ替えることだ。部下に過ちを告白し、状況を正すために今何をしているか説明し、必要なら許しを請おう。

しかしここで間違ってはいけないのは、許しを請うというのはチームの前で激しく自分を非難しろという意味ではないということだ。

もちろん、誰かに敵対心を抱かせるようなことをしたり、関係がこじれそうな気がしたりした場合は、相手をすぐに呼んで謝ることが必要だ。

たとえば私は、時折、指揮官を彼の部下の目の前でたしなめるという過ちを犯す。そうなってしまったら、あとでその指揮官と過ごす時間をとり、うち解けた雰囲気を作って謝ることにしている。

たしなめたこと自体は本気だが、部下たちの前で言ったのは悪かった、ということをはっきり相手に伝え謝罪するのである。

しかし、ビジネス環境の変化を読み間違えたり、成功の見込みのない計画に経費をつぎこんだりというように、戦略に関わる過ちを犯したとしてもわざわざ謝ることはない。これは能力の問題だからだ。

そうした謝る必要のない状況でも、**現実を直視し、過ちを認め、行動を起こして正すことは必要だ。**

この3つができれば、失われた信頼を取り戻せるだけではなく、あなたを信用するに足る十分な理由を部下に与えられるだろう。自分の過ちを認める能力に自信がある人をリーダーに持つことは価値があると、部下は知っているのだ。

職場の雰囲気作りの大切さ

部下を任務に集中させるためにリーダーがすべきことの3つ目は、**よい職場環境を作る**ことである。

私たちは、明るい職場環境といったたぐいのことを、軟弱でさほど重要ではないリーダーシップの側面として軽く見がちだ。しかし、隊員が職場の雰囲気を心地よく感じているときは、よりよい結果を出すという研究報告は多い。心理学者ダニエル・ゴールマンは、「前向きな感情は理性的な考えを高め、複雑な決断をする能力を強め、より柔軟で創造的な論証を可能にする」と述べている。

では、どんな要素がよい職場の雰囲気作りに寄与するのだろう?

簡単に言うと、その最大の要素は、リーダーであるあなた自身だ。従業員が職場に抱く印象の50～70%は、リーダーにかかっているからである。

ゴリラの家族から小さな企業のチームまで、さまざまなグループの行動を観察した心理学者は、グループのメンバーは自然にリーダーを見て指示を求めると述べている。しかも何をするかの指示だけではなく、どう感じるかについてもリーダー頼みだというのだ。

このことは、あなたも実社会で幾度となく経験してきたはずだ。

事実、無愛想で悲観的なリーダーほど、部下の楽観主義や創造性をしぼませるものはない。FDNYの指揮官は常に陽気で、部下を元気づける態度を忘れない。燃え立つ炎の中にいるときはなおさらだ。なぜなら、リーダーが疑いや不安の気配を少しでも見せると、その瞬間に隊員たちは炎とどう闘うか考えるのをやめ、次の数秒の間に自分が死ぬ状況は50種類もあると気づいてしまうからだ。

つまり、あなたが気づいていようといまいと、あなたは部下に対して信じられないほど強い影響力を持っているということだ。

部下はあなたを見て、さまざまな状況や目標、人間に対してどう感じればいいか、合図を求める。

だからリーダーは、この力を無視したりはねつけたりするのではなく、快く受けとめ、最大限に利用することを考えるべきなのだ。

どのように部下を褒めるか

では、具体的にはどうすればこの状況をよい環境作りに利用できるのだろうか。

まず必要なのは、**感情のコントロール**だ。

感情のコントロールに役立つのは、またしても自己認識である。自己認識は、あなたが現在部下にどんな調子で話しているかを知る手助けになるだろう。

具体的に言えば、あなたの感情の合図を他人がどう受けとめているか知るために、洞察力の駆使や自問自答、感情移入といった方法に加えて、あなたが相手にどんな印象を与えているかを率直に教えてくれる人を常に求めることだ。

はじめのうちは、前向きな気持ちが表に出ているかどうかは気にせず、消極的で重苦しい雰囲気にならないように気をつけよう。怒りや不安、フラストレーション、さらにはどんなことにも無益さや不足といった消極的な感情は、今日私たちがしているような高度な仕事をする能力を部下から奪ってしまうからである。

誰でも脅威を感じると、生き残るための反応で精一杯になってしまい、怒りや敵意に支配されてしまう（第3章で紹介したビリーに、私がどれほど脅威を感じたか覚えているだろうか？）。その反応は「闘争か、逃走か」と呼ばれているように、両極端な行動として現れる。腕利きのリーダーは、こうした「生き残りの反応」をうまく扱うことで、その反応が人に与えるエネルギーと集中力を、さまざまな状況で利用するのだ。だからこそ、誰もが逃げ出したくなるような状況でも、部下の意識を闘いに集中させることができるのである。

感情をコントロールするには、自己認識に加えて「社会認識」も必要だ。自分が部下の気持ちを見極め、職場の消極的な力学に影響されていないかを判断するためである。

社会認識を高めるためには、オフィスの社会力学になじむ必要がある。たとえば、利害関係、意思決定に関わるネットワーク、実力者などに対する「共感」が必要なのだ。

これに関しても自己認識と同じように、自分自身の直感だけに頼ることはできない。実際に起こっていることを臆することなく話してくれるほかのリーダーに、公式、非公式を問わず協力を求めることが必要だ。

感情的に不快な雰囲気を好転させるカギは、まず自分の力を認識することだ。なんと言っても、あなたはリーダーなのだ。誰もがあなたを見て指示を待っている。あなたが不機嫌でイライラしていたら、部下もきっとイライラするだろう。威圧的な挑戦者や企業の新しい提案を前にしてすごすごと退散したら、部下も降参するだろう。しかし逆もまた真なりで、そういうときにこそ感情は印象的な道具となる。

だが、すっかりダメになった職場環境を立て直すような場合には、感情のコントロールだけでは足りない。幸福感や楽観的な感情を広げるための手本となる行いをすることが必要だ。

そのためには、すぐに部下を褒めることは効果的だ。過ちを指導の機会ととらえ、部下を信頼していることを示すのだ。

また、グループ内で利他的な行いをしつつ組織の目標も追いかけている人の話をするのも効果的だ。そういう物語は部下の士気を高め鼓舞するだけではなく、優秀であるとはどういうことかを示す新しい基準となるだろう。

さらに、積極的で生産性の高い雰囲気作りのために、もう1つできることがある。それは部下を楽しませることだ。笑いやユーモア、冗談は、ストレスや不安を発散させる。研究によると、笑いと遊びは、幸福感と効率的な仕事をする能力にかなり好ましい影響を与えるという。

だが何も、部下の前で人気コメディアンの真似をしろと言っているわけではない。すばらしい仕事をするのと同時に、笑ったり楽しんだりする許可を部下に与えればいいのだ。許可を与える方法も簡単だ。あなた自身がときどき笑えば、あとは部下が引き受けてくれる。

しかしここで警告しておく。こういう結果を出すためには、部下の仲間になってはいけない。部下を指導し、よい結果を出せるような職場環境を作ることは、仲間の1人になるという意味ではないのだ。

あなたはリーダーなのだから、使命を果たすためには嫌われ者になる覚悟も必要だ。自分は愛されたいのか、それとも尊敬されたいのか、自問自答してみよう。愛されたいなら、犬を飼えばいい。

リーダーシップ・コミュニケーション

部下を任務に集中させるためにリーダーがすべき3つのことについて述べてきた。最後に、これらを成功させるカギとなるものについて述べよう。それは**双方向コミュニケーションを築くこと**だ。

マーカス・バッキンガムとカート・コフマンは著書『まず、ルールを破れ　優れたマネジャーはここが違う』で、健全な企業とは上司と部下が強い絆を結んでいる企業だと定義している。部下を鼓舞して価値を生み出し、よい仕事をさせるためには、彼らと固い絆を結ぶ必要があるのだ。

現在では大半の産業が、従業員を使い捨てとみなす古い手法や流れ作業からは遠ざかり、従業員個人の独自な能力に頼った製品やサービスを提供している。今日のリーダーや指導者が「個々人の『特有な能力や知識』を建設的に使う」という目標を掲げているのはそのためだ。こうした環境においては、「1つのサイズを押しつける」マネージメントではなく、部下1人ひとりと強い絆を育むことが必要となる。部下個人の能力、弱点、仕事スタイル、動機がわかれば、その理解を生かして効率的に仕事を進めることができるからである。

したがって、部下との絆を育むためにはまず、彼らとコミュニケーションをとる能力が必要となる。

ＦＤＮＹではコミュニケーションがリーダーシップの神髄なので、その昔指揮官が隊員たちに指示を与えるために使っていた無骨な拡声器が、現在の指揮官のランクを示す金色の記章として使われている。幸い、拡声器の時代に比べると、私たちも少しは進歩し、コミュニケーションにも長《た》けてきた。コミュニケーションに不可欠なものも発見した。それは、「コミュニケーションは認知力の問題だ」ということである。

事実、ピーター・ドラッカーは「森で木が倒れても、その音を聞く者が誰もそこにいなかったら、木は音をたてるだろうか？」という質問を使って、その意味を解説している。彼は、倒木が生み出す音を受け取る人が誰もいなければ、事実上何の音も生まれないのと同じだと論じているのだ。つまり、彼の結論は、「コミュニケーションは誰かがメッセージを受けとめるときにだけ発生する」ということだ。

人間には、どんなコミュニケーションも自分自身のちっぽけな世界観を通して行う傾向がある。メッセージを受け取ると自分自身の先入観や利害関係、憶測によって処理するからだ。リーダーにとってこれは、「あなたが伝えようとしていることのほんの50％しか部下には理解されていない」ということである。

私がリーダーたちから聞いたもっとも一般的なフラストレーションは、部下が「リーダーが言った通りのことをしない」というものだが、コミュニケーションの本質がわかれば、問題はむしろリーダー自身にあることがわかる。なぜなら、フラストレーションを抱えるリーダーはみな、自分が言っていることにばかり集中して、部下がそれをどう聞いているかには注意を払わないという過ちを犯しているからだ。自分のメッセージを完全なかたちで受けとめてほしいなら、部下が理解できる言葉でメッセージを発信しなければならない。

部下の個人的目標を共通の視座で見るためには、自己認識、洞察力、率直な会話、傾聴、共感、そして信頼に則った、リーダーシップの手段としてのコミュニケーション・スタイルが求められる。

たとえば、私が、試験に備えて勉強している消防隊員に接触したとしよう。私が試験を受けたころの目標は、単にすばらしい仕事をして妻と子供たちが待つ家に帰ることだったが、今はかなり違う。だから、彼らの目標が組織の目標とどう関係するのかを話すことによって、彼ら1人ひとりとコミュニケーションをとるための視座を育むことができる。

しかし、私が組織のトップの座にふんぞりかえって部下との接触を断ち、報告やメモやEメールを投げ下ろしているだけではコミュニケーションはとれない。隊員たちのもとへ下りていって初めて、彼らの視点から見た世界がよくわかるのだ。

つまり、大変な努力と忍耐が必要だということだ。

部下が本当に望んでいるもの

はっきり言っておくが、ただで何かをする人はいない。私たちのＤＮＡには「それが私にとってどんな得があるのか?」という言葉が刻みこまれているのだと私は思っている。人がもっとも活発に決然と行動するのは、自分が目標に向かっていると実感しているときなのだ。

こう言うと、いつも給料のことを持ち出す人がいるが、これは給料の話ではない。事実、私の部下は、命をかけて見知らぬ他人のために炎の中へ飛び込んでいく。公務員の給料でそんなことをするのだから、人を働く気にさせるのは、明らかに現金以上の何かだと言える。

部下が本当に望んでいるものを理解すれば、その要望と組織の要望がいかに交わるかを部下に示すことができる。部下の向上心を企業のより大きな目標と結びつければ、彼らの努力、熱意、エネルギー、「どんな得があるのか」という気持ちと、組織が達成しようとしていることを1つに結ぶことができる。これが優れた結果を出す組織のカギだ。

秘訣はもちろん、**部下の本当の目標を見つけること**である。しかし、彼らの本当の目標を教えろと命じることはできない。部下との絆を結ぶことだけが、彼らの本当の目標と大志を知ることにつながるのだ。

では、彼らの目標を見つけるにはどうすればいいのか?　とても単純なことだ。たずねればいいのである。しかし、彼らとすでに信頼関係を築いているのでなければ、たずねても意味はない。信頼と気遣いがあってこそ、部下は自分の目標と動機をあなたに打ち明ける気になる。

接触をはかる方法は、自由回答式の質問をし、情報を共有し、相手が言いたいことを聞けばいいのだが、部下に対しては私生活や子供時代のことばかり聞くのではなく、彼らをより効果的に指揮するのに役立つようなことをたずねよう。たとえば次のような質問だ。

「批判やフィードバックはどのように受けたいか」「評価はどのように受けたいか」「急に仕事について確認されるのと、時間を決めて会って仕事の進み具合を話しあうのとでは、どちらがよいか」「どうすれば効率よく学べると思うか。実際に試して自分の道を見つけるのか、それとも他人の行動を観察し、途中で指導を受けるのか」

最後にもう1つアドバイスをしよう。部下に話しかけるときは、一人称で話さないことだ。いつも「私は」で話し始めると、あなたにばかり注目が集まり不誠実に聞こえる。絆を結ぼうとするときには助けにならない。

あなたが部下の話に耳を傾けなければ、彼らと絆を結んだり目標を見つけたりするのに必要な情報を集めることはできないだろう。この場合の「聞く」という言葉は、部下が話し終わるのを待つという意味ではない。彼らが言おうとしていることに、真剣に集中するということだ。

傾聴とは、「目的」を持って聞くことにほかならない。誰かと会話を始める数分前にはあらかじめ計画を立て、相手から何を聞きたいか考えよう。会話を終えて立ち去るまでに達成したい目標を決めよう。たとえば、部下がどのようにフィードバックを受けたがっているかを知るというふうに、その対話で達成したいことを心に置けば相手の言葉に集中できる。聞くことは、利己的な機能だ。そして、人は、自分自身の欲求に関わることには注意を払う。だからきちんと相手の話を聞くためには、自分がなぜ聞いているのか考えてみることが必要なのだ。

個人の目標と組織の目標

部下の目標がわかったら、目標達成のために自分は何をして支えるつもりか部下に説明しよう。つまり期待を設定するのだ。常にこの期待に応えることを示せば、部下は絆にもとづいて、あなたを信頼するのに十分な証拠を手に入れる。こうして部下との絆は深まっていく。

ここで大切なのが、望むものを手に入れる最良の方法は組織が望むものを手に入れることだ、と部下に納得させることだ。

ＦＤＮＹでは、隊員個人の目標と組織の目標がいかに緊密にからみあっているかを示すチャンスを常に探している。ＦＤＮＹの使命はニューヨーク市民の生命と財産を守ることだが、大半の隊員は危険物処理や救急医療などを熱望して入ってくるわけではない。概して彼らは炎と闘いたくて消防士になるのだ。

隊員は炎を打ちのめすために消防局に入るが、消防局が存在するのはそのためだけではない。事実、私たちの仕事の大半は何らかのかたちで火災消火に関連しているが、ほかにもさまざまな方法で組織の使命に寄与している。

新しい道具や戦術の修得、新しいタイプの非常事態に対処する技術の開発、医療支援、ニューヨークをできるだけ安全にすることを目的としたほかの街や州や連邦組織との協力などである。

ビル点検もその1つだ。

ビル点検は、私たちの任務全般にとって不可欠なものだが、うれしくて朝飛び起きるたぐいの仕事ではない。退屈ではあるが、ビル点検はFDNYの目的を理解するためには欠かすことのできない重要な仕事だ。私はリーダーとして部下にはてきぱきと、熱心に、非常ベルが鳴って現場へ駆けつけるときと同じように点検の仕事に取り組んでほしいと思っている。

そこで、部下に火災現場同様に、懸命にビル点検をさせるために、私がとっている方法を紹介しよう。

個人的な目標（たいていは経験豊富で尊敬される消防士になること）を目指して働くときに感じる本来のやる気と熱意を、組織の目標とぴったり合わせればいいのである。そのための私の方法はきわめて単純だ。点検を開始するとき、ビルへ入りながらまず隊員を脇へ呼び寄せて、「このビルがもう火事になっているとしたらどんなふうに作業にとりかかるか」とたずねるのだ。あとは隊員たちに自分の目標という視点から建物を点検させるのである。ビルの中を歩いている間も隊員にしつこく質問をし続け、実際に炎が燃えている状況とそのビルの消防条例の遵守状態を結びつけて考えさせる。物が置かれてふさがれている防火ドアは、作業にどんな影響を与えるか？地下の燃料油はどうなるのか？

こうすることによって、隊員たちは懸命にビルを検査する。退屈でうんざりするビル点検が、優秀な消防士になるという自分の目標に直接結びついていることに気づくからだ。

教えることは学ぶこと

本章では、部下と強い絆を結ぶことによって部下を任務に集中させる方法を見てきた。日々の業務で見失いがちなのは、リーダーとしての仕事は部下の能力を向上させることだという点だからだ。

私たちがすることはどれも、部下の生産効率を上げて、今以上に潜在能力を引き出すための行程の一部だ。その意味で、リーダーと教師には多くの共通点がある。私たちも教師のように、語るのではなく示すことで、うまくコミュニケーションするのである。よい結果を出したいなら、リーダーは命令を下すよりも指導をするべきなのだ。

部下を指導するためには、1人ひとりの部下にふさわしい成長のチャンスを間違いなく手に入れられるようにすることが必要である。具体的には、彼らがリーダーシップを発揮する体験ができるような企画に参加させたり、忌憚《きたん》のないフィードバックを頻繁にしたり、昇進を遅らせている弱点を克服できるよう指導する時間をとったりすることだ。

こう言うと、あなたが求める結果、つまり部下の目標達成を手助けしたいと思っていることを1人ひとりに知ってもらうためには、まるで四六時中個人指導をしろと言っているように聞こえるかもしれない。だが実際は、部下それぞれにふさわしい絆を作るだけでいい、という点が重要なのだ。

大切なのは、部下に教える時間をあなたが見つけることだ。あなたはビジネスをしているのであって、大学を運営しているのではない。訓練や自己啓発にわざわざ時間を割くような組織で働ける運のいいリーダーは、そう多くはないのだ。

FDNYでは、ビル崩壊訓練から専門救助まで、消防隊員には13種類の訓練校へ入る機会が与えられている。日常勤務の一部として、私たちは少なくとも1時間は訓練、練習、講習に当てる。さらにその講習の時間に加えて、私は1日の50%の時間を部下の指導や育成に当てているのである。

ではどうすれば、日常の仕事場を指導の場にできるのだろう？　私は「日和見主義《ひよりみ》の指導」と呼ぶ方法を採っている。これは、ただじっくり観察して、組織の日常業務の中にある指導の瞬間を利用するという方法だ。会議、従業員の報告、予算策定過程、新たな発案といった組織の基本業務すべて、あなたがメッセージを繰り返すチャンスとするのである。

結局、教えるとは、おもに部下の興味をそそる質問をし、答えを出す手助けをすることなのだ。だから教えることは、教師と生徒が常にアイデアや意見、そして役割をも交換するような活発な関係を生み、最終的には、部下があなたから学んだ以上のことを、あなたが部下から学ぶことになるのだ。

第6章　成功する組織、失敗する組織（道幸）

FDNYの消防士たちに見られるような、任務への高い集中力と、強い責任感を自分のスタッフにも望むなら、リーダーは3つのことを行わなければならないとサルカは述べています。

まず、①の**組織の使命・価値を明確にする**から見ていきましょう。

リーダーは部下に組織の使命＝ミッションや価値＝コンセプトを明確にして提示しなければならないとサルカは言います。そして、その理由として、ほとんどの部下はそれを理解できていないからだとしています。

確かに、いろいろな企業を見ると、成功している企業は、社員全員が、社の使命＝ミッションや価値＝コンセプトを同じ言葉で語ることができます。先に例に出したワタミであれば、「地球で1番『ありがとう』をもらえる会社」という明確なミッションを全社員が語れます。

奇跡のV字復活を果たした日産自動車も、「ルネッサンス」というコンセプトを全社員に浸透させることで改革を成し遂げました。カルロス・ゴーンが成功した秘訣は、じつはこうした企業の「コア・バリュー」を作り替え、明確化して社員に伝えたことにあったのです。

京セラにはコンパルームと呼ばれる、お酒を飲める部屋があります。なぜ稲盛和夫氏がそうした場所を社内に設けたのかというと、社員がミッションやコンセプトを語り合い共有するための「場」として活用してほしいという思いが込められているのだそうです。京セラには「人間として何が正しいのか」という言葉に集約された「京セラフィロソフィー」が息づいています。「明確化」するというのは、具体的に言えば「言語化する」ことです。スタッフ全員が同じミッションを語れるのは、言語化された考えを共有しているということです。

あなたの会社では使命と価値が明確化されていますか？
それを全社員で共有できていますか？

されていなければ、リーダーであるあなたが明確化し、自分のスタッフに伝え、共有化していかなければなりません。

まずは自分自身に、「わが社のミッションは何か」聞いてみてください。次に同僚や上司など社内の人に同じ質問をしてみましょう。さらに、社外の人にも機会があるごとにたずねてみてください。丁重な態度で尋ねれば、ほとんどの人は答えてくれるはずです。いろいろな人の意見を聞くことは、考えを整理するのにとても役立ちます。

組織の存在理由は顧客への価値提供

使命・価値を明確化するうえで忘れてはいけないのは、サルカも述べているように、顧客にとって自分たちの組織の価値は何かについて考えることです。

優れたリーダーは、組織の存在理由が「顧客に価値を提供すること」にあることを知っているので、顧客が求めている価値は何かを常に考え、部下に伝えるという義務を果たしている。

このサルカの言葉はとても大切です。組織の存在理由は、どんな組織であったとしても、たった1つしかありません。それは、「顧客に価値を提供すること」です。異なるのはそれぞれの組織が「何をもって」提供するか、という部分だけです。

世界最大のスーパーマーケット・チェーン「ウォルマート」の創業者サム・ウォルトンも違う言葉で同じことを語っています。

①常にお客様の言うことは正しい。
②もしお客様が間違っていると思ったら①に立ち返ること。

松井道夫氏が、業界246社中240位だった松井証券をナンバーワンにできたのも、「お客様が本当に求めているのは、自己責任で株を買い、儲けることだ。だから、わが社が提供するのはよいトレーダーではなく、安い手数料とよい情報だけでいい」という顧客に提供する自分たちならではの価値を見つけることができたからです。

競争の激しいデリバリー業界で、ドミノ・ピザが成功したのは、「ピザを必ず30分以内に届けます。もし届かなかったら代金はいりません」というコンセプトを前面に打ち出したからでした。これは顧客が宅配ピザに求めているものは何か、ということにフォーカスしていったところ、味はそこそこでも、「温かいものをすぐに食べたい」という欲求を満たすことのほうが重要だという結論にたどり着いたからです。

顧客のニーズを知るもっともよい方法は、「できるだけ顧客の近くにいる」ことです。リーダーが顧客の近くにいるためには、トップダウン的な流れになりがちな社内の情報の流れの中で、ボトムアップ式の情報の流れを作り出していくことが必要だとサルカは言います。簡単に言えば、リーダーが末端とのコミュニケーションを心がける、ということです。

ダイエーの林文子会長はパートさんたちと一緒に作業をすることで、現場とのコミュニケーションをとっていました。これにはパフォーマンスも含まれているのかもしれませんが、末端の情報を収集する姿勢の表れであることは確かです。

このように、**優秀な人は必ず現場や末端からの情報収集をしています。**

使命・価値を明確化できていない組織は、この部分の視点が欠けているのではないでしょうか。

外の視点を持つ

顧客の視点に加え、リーダーは「外の視点」を持つことも必要です。

自分の組織と顧客のことしか見ていないと、外の環境の変化に取り残されてしまうからです。

財界人と言われる方々は、「異業種交流会」を催していますが、これもさまざまな外の情報を収集し、外の視点を自らが持つために行っているのです。

私は若いとき、恩師に紹介してもらい、１９８０年代に高額納税日本一になったことのある某証券会社の会長にお目にかかったことがあります。将来お金持ちになりたいと思っていた私は、そのとき「どうしたら日本一のお金持ちになれるのですか？」と、失礼にも単刀直入に質問しました。

そのとき会長が教えてくれたのが、この「外の視点を持つ」ということでした。

会長は、当時伊藤忠商事の常務だった私の恩師と、有名な経済評論家のH氏と、あともう1人の４人で、毎月1回食事会をしているのだそうです。食事をしながら、最近の出来事をみんなで話す。ただそれだけなのですが、それぞれが各業界のトップに近い人たちなので、とても勉強になる情報が得られたと言います。会長は、まだ若い私に、「1人食べても2万でしょ。４人で8万、お酒を飲んでも10万でそんな貴重な情報が手に入るんだから安いよね」と笑顔で教えてくださいました。外の視点を持つこと、外の情報を集めることの大切さを教えてくれたのです。

外の視点が持てるようになると、自分の組織の中の、まだ表面化していない問題点が見えてきます。

サルカは、特殊部隊の不足がやがて大きな問題になることにいち早く気づいたレイ・ダウニー大隊長の例を出して、このことを語っています。

優れたリーダーは常に組織の問題点は何かということにフォーカスしています。

そして、問題点が見つかるのはいいことだと思っています。問題点がわかれば、対応策を考えられるし、いち早く対処し問題が解決できれば、それだけ組織がよくなっていくからです。

しかし、残念ながら多くのリーダーは、問題を嫌う傾向にあります。部下が「将来こういう危険性が考えられます」と言うと、「面倒くさいことをほじくり出すんじゃない」と答える上司は、外の視点を持たない向上心の低い上司と言わざるを得ないでしょう。

ただ、問題点にも優先順位があるということは、忘れてはいけません。

アメリカ陸軍の英雄、ノーマン・シュワルツコフ将軍は、湾岸戦争の際、多国籍軍の総指揮官という難しい職務を見事成し遂げながら、わずか4日で地上戦を制した、卓越したリーダーシップの持ち主です。

多国籍軍というのは、言葉も生活習慣も異なる人々が戦場という極限的な環境で生活を共にすることになるので、些末《さまつ》なことから重大なことまで数多くの問題が噴出し、リーダーにとってはとても難しい環境です。ところが、シュワルツコフ将軍は、すべての問題をたった一言で解決し、多国籍軍のミッションをわずか4日で成し遂げてしまったのです。

その魔法の言葉とは、「それは、イラクをクウェートから撤退させるのに何の意味があるのか?」というものでした。

たとえば、あそこの国の軍はトイレの使い方が悪いとか、食事がまずいといった些細な問題が出てきても、作戦に関する重要な問題が起きても、将軍は最初にこの一言を問います。するとおのずと、イラクをクウェートから撤退させるというもっとも重要なミッションに関わる問題以外はすべてそこでふるい落とされるというわけです。

このように、リーダーは出てきた問題をすべて平等に扱うのではなく、**優先順位をつけ、優先順位の高い問題から解決していく**という強い意志を持つことも必要です。

組織の使命と価値は、組織の存続理由である顧客への価値を追求していけば、必ず出てきます。そして、ミッションやコア・バリューは変化しなくても、何をもって価値を提供していくのかというコンセプトの部分は、外の視点を取り入れ、問題点を解決していくことで変化していきます。

そうしたことを理解したうえで、組織の使命・価値を明確化し、伝えていくことがリーダーの使命の1つなのです。

プレイヤー能力とマネージャー能力

②の**部下に信頼を与える**は、多くの組織にとって、とても切実な課題です。

私はコンサルタント先に行ったとき、必ずそこのスタッフの声を聞くことにしています。そのとき、上司には絶対に報告しないからという約束のもと、スタッフに「あなたは自分の上司を尊敬していますか?」という質問をします。その結果は、とても残念ですが、約80%の上司が尊敬されていないのです。

でも、話を聞いてみると、スタッフはみな、本当は上司をリーダーとして尊敬したいと思っているのです。思っているけれど、できない。この悲しい状態を改善しない限り、その組織でリーダーシップが機能することはありません。

信頼は部下に生まれるものであって、リーダーであるあなたに生まれるものではない。あなたにできるのは、信頼されるように努めることだけだ。なぜなら、あなたの行動を見ていた部下が、あなたの指揮に従えば利益があると気づいたときの反応、それが信頼だからである。

この、サルカの言葉を、リーダーは胸に刻む必要があると思います。

では、どうすれば部下に尊敬されるリーダーになれるのでしょうか。

有効な方法は、著者の言う通り「能力」と「一貫性」を提示し続けるしかありません。

現在日本の多くの企業は、プレイヤーとして有能だった人をマネージャーにするというやり方をしています。わかりやすい例を挙げれば、ホームランの記録を作った名バッターが、そのチームの監督になるという図式です。私が以前勤めていた証券会社でも、セールスでトップの成績をあげた人が昇進してマネージャーになっていました。

リーダーにプレイヤーとしての能力や実績があるのは、とてもすばらしいことです。2006年のWBC(ワールド・ベースボール・クラシック)での王ジャパンの優勝も、世界記録保持者である王貞治氏が監督であり、世界のイチローが選手のリーダーとなっていたからこそ成し得た快挙と言えるでしょう。王監督の世界一という実績に対する信頼、大リーグで活躍するイチロー選手の能力に対する信頼は、揺るぎのないものだからです。

ところが、現実には、必ずしもプレイヤーとしての能力が、そのままマネージャーの能力につながらない場合も多々あります。なぜなら、マネージャーとして必要な能力と、プレイヤーとして必要な能力は別のものだからです。

多くの企業が、優秀なプレイヤーをマネージャーにしたのにうまくいっていない理由の1つがこれです。能力の種類が違うのです。

もちろん、優秀なプレイヤーが優秀なマネージャーとなるケースもあります。しかし、私が見る限りですが、優秀なプレイヤーの80％は、マネージャーには向かないと考えたほうがいいでしょう。とくに、営業でトップセールスを誇っていたような人は、自我が強く自己中心的な人が多いので、部下を持つとその多くが失敗してしまいます。

マネージャーに必要な能力は、サポーターとしての能力です。具体的にいえば、**部下がもっとも能力を発揮できる環境を作る能力**です。

現在大リーグで活躍しているイチロー選手が、秘めていた才能を開花させたのは、所属していたオリックスの監督が、仰木彬氏に交替してからでした。当時イチローはオリックス入団3年目、籍は2軍にありました。仰木監督は、彼の才能を一目で見抜き、登録名もそれまでの「鈴木一朗」から「イチロー」に変え、彼の能力を伸ばす最大限のサポートをしました。

仰木監督がした最大のサポートというのは、イチローの独自性をそのまま受け入れ、自由にやらせたことでした。結果はすぐに出ました。イチローは1軍に復帰したその年の内に、日本球界初となるシーズン200本安打という偉業を成し遂げたのです。

イチローが2軍生活を送っていた原因は、前任の土井監督が、独自性を発揮することを嫌ったからだと言われています。

土井正三氏は現役時代、王、長嶋選手とともに読売ジャイアンツのV9に貢献した名プレイヤーでした。一方、仰木監督の現役時代は、1軍選手ではありましたが、それほど目立った成績を残した選手ではありませんでした。

球界には「名選手必ずしも名将ならず」という言葉がありますが、それはまさにプレイヤーとしての能力とマネージャーとしての能力は違う、ということなのです。

プレイング・マネージャーの葛藤

優秀なプレイヤーをマネージャーにしたのにうまくいかない場合、理由はもう1つ考えられます。それは「プレイング・マネージャー」制度を採用している場合です。

現在、プレイング・マネージャーを導入している企業は、全体の80%にも上ります。

プレイング・マネージャーは、経営者にとっては、とても魅力的な制度です。なぜなら、マネージャーがその通常業務に加え、プレイヤーとしての成績も出してくれるからです。つまり、プレイング・マネージャー制度を採用すれば、経営者は1人分の固定費で2人分の働きをしてもらえるというわけです。

プレイング・マネージャーがうまくいかないのは、無意識のうちに自我と部下への思いがぶつかるからだと私は思います。プレイヤーとしての側面を持つ以上、自分の成績は上げなければならない。しかし同時に、部下の面倒も見て、彼らが成績を伸ばせるようにもしなければならない。彼らはこの矛盾の中で苦しむのです。

理想を言えば、臨機応変に、あるときは自分のプレイヤーとしての能力を見せ部員を引っ張り、あるときは自分を犠牲にして部下のバックアップに努める、これをタイミングを見ながらできればいいのですが、これができる人は滅多にいません。

多くのプレイング・マネージャーは、部下をサポートすれば上司に「チームでは目標達成したが、おまえ個人の成績は悪いじゃないか」と言われ、逆にプレイヤーとして頑張ると「自分のことばかりじゃなく、きちんと部下の面倒を見てやれ」と、また叱責《しっせき》されるということを繰り返しています。

プレイング・マネージャー自身も、「苦しいからもう部下はいらない」と思う反面、いざプレイング・マネージャーから外されると、俺は部下の1人も持てないのか、やっぱり部下がほしいという思いに駆られ、もう1度プレイング・マネージャーでやらせてほしいと上司に申し出るという、堂々巡りの葛藤を繰り返してしまいます。

1度このラットレースにはまってしまうと、抜け出すのは大変です。

もしあなたが経営者なら、私はプレイング・マネージャー制度自体の見直しをお勧めします。

本当にマネージャーに向いているのは、じつはトッププレイヤーではなく、中の上ぐらいの成績の人です。つまり、上の気持ちも下の気持ちもわかる人です。「マネージャー職になる＝出世」という固定観念を捨て、あくまでもマネージャーは管理と部員のサポートをする職種だと考えてみてください。プレイヤーはプレイヤーとして評価し、マネージャーは別の職種と考える。こうした「新しい組織論」を構築できれば、それぞれがラットレースから解き放たれるのです。

もちろん、現在プレイング・マネージャーとして苦しみながらも頑張っている方も多いでしょう。そういう方にできるアドバイスは、やはりコミュニケーションしかないと思います。上司とのコミュニケーション、部下とのコミュニケーション、それぞれを密に行い、自分の現状を理解してもらうことで、個人として頑張るのか、サポートに徹するのか見極めることだと思います。

では、双方から同じぐらいプレッシャーをかけられたときはどうすればいいのか。

先日読んだ本に、嫁姑の間に挟まれて苦しんでいる夫へのアドバイスとして、嫁と姑（夫からすれば母）の板挟みになったとき、双方にいい顔をすることは最悪の選択だと書いてありました。双方を調整しようとすると、必ず破綻をきたすというのです。

職場でも同じではないでしょうか。どちらかを選ばなければ双方の信頼を失います。

ただ、どちらを選べばいいのかということは、嫁姑問題と違って答えは決まっていません（ちなみに、嫁姑問題では100％嫁側に立てとアドバイスがされていました）。選択の成否は、あなたのセンスにかかっています。

センスは、あなた自身が3年後、5年後、10年後の展望を持ち、そのためには今何を選択すべきか考える習慣を身につけることで磨かれていきます。人生戦略を考えていない人、自分の方向性や個性が見えていない人に「上手な選択」はできません。

透明性の高い昇進システム

FDNYでは「最年少の小隊長でも、部下である経験15年のベテラン隊員に尊敬される」と、サルカは誇らしげに言い切っています。

その理由は、FDNYの完全に透明な昇進システムにあります。FDNYでの昇進は、4年に1度行われる試験によって決まります。試験に合格した人は、どんなに若かろうと、経験が浅かろうと、誰からもきちんと敬意が払われるのです。

つまり、「試験に合格したものだけが昇進する」という誰もが納得する「透明性」が、指揮官というリーダーとしての資格を保証しているということです。

なぜこの人物がリーダーなのか、その理由が納得できなければ、スタッフがリーダーに向けるまなざしは「尊敬」や「期待」ではなく、本当にコイツにリーダーの資格があるのか、という「疑惑」や「不安」に満ちたものになります。

もちろんそれでも、「能力」と「一貫性」をもって示していけば、スタッフの信頼と尊敬を勝ち取ることはできます。でもそこに最初から「透明な昇進システム」が存在していれば、スタッフもリーダーもよりスムーズによい人間関係を築くことができるのです。

サルカはここで不透明な昇進理由として「父親がCEOのゴルフ仲間だから」「たまたま運良く利益を出したから」という例を挙げていますが、日本でよく見られる「年功序列」による昇進や「同族経営」ならではの人事も、透明性があるとは言えません。

リーダーの80％が尊敬されていないという、日本の悲しい現実の陰には、不透明な昇進システムが、要因の1つとしてあるのです。

「よい噂」を仕掛ける

仕事の能力を部下に示す方法として、サルカはとてもおもしろい手法も紹介しています。それは「噂の力を使う」というものです。

部署を異動するときや、新しいプロジェクトチームを作るときなどに、部下の期待をあおるような「よい噂」を、相手が自分と直に接する前に受け取れるようにしておくとリーダーシップが発揮しやすいというのです。

こうした手法を紹介するリーダーシップ論はとても珍しいのですが、確かに、これはとても有効な手法です。

たとえば、あなたが部下を指導するとき、厳しく接したとしましょう。それ自体は正しく結果に結びつくことだったとしても、事前に何の情報も受け取っていなかったら、部下によっては、その厳しさが結果につながると素直に信じられず、反発したりあなたに嫌悪感を抱くかもしれません。しかし、「あの人は厳しいけれど、必ず結果に結びつける人だ。現にこんなことがあったらしい……」ということが事前に情報として入っていれば、部下は嫌悪感を抱く前に期待を膨《ふく》らませるので、物事がスムーズに運ぶ可能性がぐっと高くなるというわけです。

もちろんそのためには、常に自分のよい噂を広げるための「仕掛け」を作っておくことが必要です。そして、それを可能にするのは、自分からは言わず、他の人に言ってもらう仕掛け（良好な人間関係）を作っておくことと、やはりきちんとした能力を発揮しておくことが必要です。

能力を発揮していれば、わざわざ仕掛けなくても、よい噂は自然と広まるものだという考え方をする人もいますが、それは違います。なぜなら、事実は1つでも、それをどう見せるのか、「見せ方」によって受け手の印象は大きく違ってくるからです。

先ほどの例で言えば、「あの人は厳しいけれど、必ず結果に結びつける人だ」と聞くのと、「あの人は必ず結果を出すけど、やり方はかなり厳しいんだよね」と聞くのでは、印象は大きく違うはずです。印象が異なれば、抱く「期待」も違ってきます。

物事には、能力が同じなら、相手の期待が高まっていればいるほど結果が出やすいという「期待の法則」が働きます。よい噂が流れ、相手が期待を抱いてくれたところで能力を示せば、部下を引っ張っていきやすいし、結果も出やすい。だから、よい噂の力を活用すればリーダーシップが発揮しやすくなると言えるのです。

ここで言う**「よい噂」とは、部下にこの人と一緒に仕事をしたいと思わせる噂**ということです。だから、これは1つのイメージ戦略なのです。

しかし、当然ですが、現実が伴わなければ、イメージ倒れということでマイナス評価につながってしまいます。よい噂が効力を発揮するためには、現実が伴うことが絶対条件なのです。ですから噂の力を活用する場合は、まずあなた自身が「優れたリーダー像」を志し、そこに向かって努力を重ねていくことが必要です。

よい噂は志から始まるのです。

CSはESから生まれる

③の**よい職場環境を作る**については、先日読んだビジネス雑誌『プレジデント』にとても興味

深い記事が出ていたので紹介しましょう。

それは、高知市を拠点とする自動車ディーラー「ネッツトヨタ南国」が7年連続で、日本全国のトヨタ販売会社の中で、お客様満足度ナンバーワンを達成したという記事でした。

ネッツトヨタ南国のコンセプトは**社員が仕事に満足していない会社は存在価値がない**というものです。どこの企業もCS（顧客満足度）を追求しろとは声高に言いますが、ES（従業員満足度）を追求しようという組織はまだまだ少数派です。

しかし、ネッツトヨタ南国の社長・横田英毅《ひでき》氏は、1980年の創業以来、一貫して従業員満足を経営の根幹に置いています。

ネッツトヨタ南国が目指してきたのは、社員1人ひとりが自ら考え行動する「自主自立型組織」。そのため同社には、「多数決をしない」「命令しない」「組織図を作らない」という通常の組織では考えられないような、従業員主体の文化が根付いています。

この成果は、同社の離職率の低さにも反映されています。

カーディーラーというのは、本来はとても離職率の高い職種です。従業員が100人いれば、毎年20人ぐらいは入れ替わるというのが普通、つまり、平均離職率が20%もある職種なのです。ところが、従業員数101人のネッツトヨタ南国の離職率はわずか2%弱。年に1人か2人しか辞めないのです。

もちろん、離職率が低いのには、毎年行っている採用に150時間もの時間をかけ、やる気のある社員が、やる気のある人材を選りすぐっているという背景もあります。

怠け者を寄せ付けない文化を創り上げた『セムラーイズム』が企業は従業員のためにあると言っていますが、「従業員のやる気こそ、お客様に対する最高のおもてなしです」という横田社長の言葉が真実であることは、7年連続CSナンバーワンという輝ける実績が裏付けています。

CSはESから生まれるのです。

CSを追求しようとする企業の多くは、スタッフに我慢や努力を強いることでCSを高めようとする傾向にあります。しかし、それは間違いです。

ぜひこのネッツトヨタ南国の例から、スタッフが自分の仕事に心からの喜びと満足を感じていなければ、そのスタッフが接するお客様に、心からの満足を感じてもらうことはできないということを学んでいただきたいと思います。

双方向コミュニケーション

サルカは第5章で、部下が任務への高い集中力と強い責任感を持つために、リーダーがなすべき、さまざまなことについて述べています。そのためには顧客の視点と外の視点を身につけ、部下に自分の能力を一貫して見せなければならない、と。

多くの「すべきこと」を述べているのですが、章の最後で彼は、「これらを成功させるカギ」

が「双方向コミュニケーションを築くこと」であると言っています。

ここで疑問を感じられた方もいるのではないでしょうか。コミュニケーションというものは、そもそも1人で行われるものではないからです。2人以上の人が、互いに言葉や文字などを使って、それぞれの意思を伝えあうこと、それがコミュニケーションです。それなのに、サルカはあえて「双方向コミュニケーションを築くこと」という言い方をしているのです。

そこには、彼が伝えたいのは、今、私たちが日常的に行っているコミュニケーションではないという意思が込められています。

人間には、どんなコミュニケーションも自分自身のちっぽけな世界観を通して行う傾向がある。メッセージを受け取ると自分自身の先入観や利害関係、憶測によって処理するからだ。

この言葉には、すべての人間は、コミュニケーションの中で、自分自身のちっぽけな世界観を押しつけあっている、という従来のコミュニケーションに対する批判が含まれています。そしてそれこそが、多くのリーダーが抱えている不満、「部下が言った通りのことをしない」という現実を招いている原因だと言います。

では、「双方向コミュニケーションを築く」とはどういうことなのでしょうか。

サルカはその答えを「自分の言うことばかりに集中するのではなく、部下がそれをどう聞いているのかに注意を払わなければならない」と指摘します。

これは、自分と部下、双方のちっぽけな世界観を押しつけあうのではなく、相手の世界観を受け入れることで、世界観を広げながらよりよくしていく努力をすることが大切だと言いたいのだと、私は受け取りました。

サルカの説く双方向コミュニケーションは、互いの世界観に意識を向けることで、学びあうための手段なのです。

２００５年20万部を超えるベストセラーとなった『すごい会議　短期間で会社が劇的に変わる！』の著者・大橋禅太郎氏は私の友人でもありますが、彼の理論のコアは「質問力」にあります。会議やミーティングを実りあるものにする決め手は、「よい質問を相手にどう投げかけるかだけだ」と大橋氏は言っています。サルカも、同じことを言っているのでしょう。

第４章で、今は質問によって、相手の中にあるものを引き出し伸ばしていくコーチングの時代だと述べましたが、コミュニケーションも、自分の意見を押しつけるものから、相手の世界観に着目することで互いの理解を深めあう双方向コミュニケーションへ、という変化が求められているのだと思います。

サルカが双方向コミュニケーションこそ、部下に任務に対する高い集中力と強い責任感をもたらすカギだとしたのは、双方向コミュニケーションに臨むリーダーの姿勢こそ、じつは、セムコ社やネッツトヨタ南国に見られる、スタッフを主体とする経営のもととなるものだからです。

つまり、**双方向のコミュニケーションを築くことが、部下を財産として扱うということ**だったのです。

第7章　決断と実行

意思決定とは、基本的には、自分自身と組織のすばらしい未来のために、決断し、すぐに行動を起こすことだ。意思決定の能力はリーダーにとって欠かせないものだが、同時に決断そのものが、あなたと組織を傷つけたり、失敗したりする危険をはらんでいる。

だからこそ、効果的な意思決定を行うための手順と心構えを身につけることが、リスクを最小限に抑え、組織を長期的な成長と成功が望める位置に置くことにつながるのだ。

的確な意思決定をするための方法を述べる前に、リーダーがすべき決断とはどのようなものか考えてみよう。

細かいことに干渉したがるリーダー、大きいことから小さいことまで、自分の担当範囲に含まれる決断はすべて自分がするしかないと感じているリーダーはとても多いが、それは間違いだ。

すべての決断をリーダーが行えば、リーダーは自分をなくてはならない優秀な存在だと感じるかもしれない。だが、部下には自分たちが役立たずで、無力だと思い込ませることになる。それでは士気が低下するだけでなく、能力を十分に発揮することもできなくなる。

また、この手のリーダーは、何千もの些末な問題に注意力を浪費して、真に重要な決断をないがしろにしてしまう傾向がある。

真に望ましい結果を生むリーダーは、本当に重大な2、3の決断に集中するだけだ。彼らは、「部下の誰かが決断できるなら、その人が決断すべきだ」と考えている。だから些細な決断に関して彼らが考えるのは、「誰がその決断をできるか」ということだけである。

この章の目標は、**どんな状況でも、常に的確な決断ができるリーダーになること**だ。的確な決断をするために必要なのは、あなたが決断すべきことに関する情報をできるだけ多く集めることだ。決断を下す前に、できるだけ多くの、異なる視点からの情報を集めるのは、じつはリスクを最小限にすることに等しい。詳しく知れば知るほど、うまく対処できる可能性が高くなるのである。

だが残念ながら、「十分な」情報というものは存在しない。データの追加を期待して待つ時間が長くなればなるほど、決断の「タイミング」を逸してしまう危険性が高くなるからである。

意思決定にタイミングは不可欠な要素である。タイミングが悪ければ、他の条件がすべて揃っていても、チャンスは失われてしまう。

情報収集能力と率先力

2001年9月11日、小隊長ボブ・ボハックは、第5ポンプ隊の代理指揮官として西14ストリートにいた。彼と隊員は、最初の非常召集の10分後にはワールド・トレード・センター北棟ロビーの司令本部に到着し、70階で内部活動に当たるよう指示された。階段を上がっているときにボハックは、避難する市民から南棟も攻撃されたと聞いた。その他にも、まだ13機の飛行機がニューヨークに向かっているなど、さまざまな噂が耳に入ってきた。

各隊員がそれぞれ30キロ近い装備を引きずりあげて19階に到着したとき、第5ポンプ隊の1人が胸の痛みを訴えだした。

さらに悪いことに、先頭を切っていたやり手の若手隊員の無線が通じなくなった。ビルそのものに通信が阻害されていたのだ。

ボハックは決断を迫られた。前進か、退却か?

彼は手持ちの情報を検証した。「胸の痛みを訴えている者がいる。ミサイル攻撃も受けている。ビル内では20のフロアで火災が発生していて、ジェット燃料の爆発も懸念される。これは負け戦だ」ボハックは退却を決意した。

ボハックは、北棟から脱出するまで、南棟がすでに倒壊していることに気づかなかった。実際、小隊長と隊員たちが北棟の倒壊前に退却できた距離は、ほんの数ブロック分だけだった。ボハックの率先力とタイミングでしか、隊員の命は救えなかった。

この例から、「タイミング」とは、「情報収集能力」「直感に耳を傾けようとする気持ち」、そして「率先力」という3つの要素の集大成であることがわかる。

このことはどの業界にも当てはまるだろう。たとえば、新しい市場への参入を決意した場合、「いつ」行動を起こすべきかという結論を出すには、現在の市場傾向に関する情報収集が助けになる。同じように、たいていは直感からくる過去の経験が、意思決定の過程に微妙な、感覚的なものを加える。そして率先力のおかげでチャンスをつかむためにリスクを冒すことができるのだ。

反対意見にも耳を傾ける

リーダーとして情報収集能力を向上させたいなら、部下の声を聞く能力を磨くことが必要だ。優れたリーダーになるには、自分はその答えを持っていないが部下は持っているかもしれない、という事実を理解することが必要だ。結局、来る日も来る日も仕事の最前線に立っているのは部下なのだ。彼らはどのように仕事が進んでいくのか、どんな戦略が効果的なのか、どの優先順位が理にかなっているのか知っている。

FDNYが、隊員に作戦の要となる役割を担わせたり、戦略を決めたり決断を下したりする過程に部下を参加させているのはそのためだ。部下を使命に集中させるためには、指揮官が自我を捨て、部下の専門知識や視点を取り入れる必要があるということだ。

部下の声を聞く方法として有効なのは、議論や討論、質問を使って部下独自の知識や視点を明らかにするというやり方である。これは言い換えれば、異議や不同意を示すことで部下を立腹させ、奮い立たせるというものだ。

上司が異議や不同意を示すと、大半の部下は、本心を打ち明けるようになる。

これでは「わざと」異議をふっかけるようなものではないか、と思う人もいるだろうが、それでいいのだ。大切なのは、部下に考えていることをはっきり話すよう促し、彼ら独自の視点を明らかにすることだ。部下独自の視点が明らかになれば、問題のさまざまな面を検証できるので、決断する際の根拠になる仮説を試すことができる。

私は、5人の部下と一緒に作戦を練り、そのうちの4人が「すばらしいですね、隊長」と言い、残りの1人が「まさか、からかっているんじゃないでしょうね」と言ったとしたら、その1人と話をしたい。なぜなら、自分が見落としたのに彼が気づいたものがあるということだからだ。状況のさまざまな面が見られれば見られるほど、よりふさわしい解決策を見つけられるはずだ。

しかしこの方法で気をつけてほしいのは、不同意とは、部下同士の、あるいはあなたと部下の間の敵意をあおることではないということだ。

第48ポンプ隊の隊長だったとき、私はプロービーに90日間書類仕事をさせようと決めた。なぜなら、書類仕事をすると勤務時間中交代で働くことになるので、隊の大半の隊員とともに働くチャンスが得られるからだ。プロービーにできるだけ多くの隊員と働く時間を与え、スケジュールがどう管理されているかを体感させるために、これはとても有効な方法だと考えてのことだ。

だが、その方針が効果を現してから数週間後、上司の1人が私のところにやってきて「プロービーのうちの数人はスケジュールに問題を抱えている」と訴えた。そして彼は、90日という期間を60日間か30日間に減らしてはどうかと提案してきた。

私はこのベテラン消防士の言葉に耳を傾けた。彼の言うことはもっともだった。

彼が話し終え、2人でその問題について話しあったとき、私は彼の主張を繰り返した。そうすることによって、私が彼の話をちゃんと理解していることが彼に伝わった。そのうえで私は、私がなぜ90日間という期間にこだわるのか、なぜ仕事とプロービーの成長にとってそれが重要だと考えるのかを彼に説明した。そして最後に、会いに来てくれたことに感謝し、私が彼の意見を評価していることを知らせた。

結果的にこの先輩消防士の意見を取り入れることにはならなかったが、それでも彼には自分が提案したことには意味があったことを知ってほしかったのだ。

このようにリーダーが反対意見を歓迎する態度を示すことで、組織にはつきものの〝独りよがり〟をなくすことができると私は考えている。

ちょっとした口論が活気を与える

大切なのは、部下が情報を隠したり、情報のうわべを飾ったりしない環境を作り出すことだ。

もしあなたがワンマンな王様だったら、王国の中で何かが腐っていることを誰も話したがらないだろう。そして事実、ボスの耳には入れないほうがよい情報を必死に隠蔽《いんぺい》したり、報告を先延ばしにしたりすることに時間を割いている人は多い。しかし、部下が情報を隠したり伏せたり、情報のうわべを飾ったりすれば、それだけ組織にとって未来のチャンスは減ってしまうのだ。

部下のそんな行いを阻止する唯一の方法が、率直な議論と反対意見を奨励することなのである。

リーダーにとって議論は、価値ある情報を明らかにするだけでなく、アイデアや思考がさらに部下の想像力をかき立て、新たな人間関係を結んだり、予期しない選択肢を生んだりする手助けになる。こういったことは、あなたが重要な決断を下すときに役立つだろう。

では、部下にとって議論することは、どのようなメリットがあるのだろうか。

反対意見の応酬や過熱する議論は部下に疲労感を感じさせるが、おもしろいことに、「ちょっとした口論」は、部下の信頼や安心感を高めるのである。

なぜなら、過熱した議論は、異なるアイデアや結果を試し、弱点を暴いて長所を主張するものだが、ちょっとした口論は、アイデアや戦略を炎の中に投げつけて、それが熱に耐えられるかどうか見るものだからだ。

信頼に関する第5章の概念に立ち返るなら、口論とは一種の透明性なのだ。意思決定の場である口論や討論に参加した部下は、その結論を生み出した過程と結果に対する信頼性が増すので、あなたの決断に従おうとするだろう。

なかなか本音を話そうとしない部下がいる場合は、ちょっとした舞台を用意することが必要だ。たとえば、会議で出された解決法に対して、各自が有意義な反対意見を出すまで会議を終わらせないとか、「指名反論者」の役割を作り、基本的にあらゆることに反論する任務を部下に交代で負わせるといった「簡単なルール」を設けるのである。

この方法だと反論者の個人的な責任が軽減されるので、おべっか使いやメンバーが互いに義理立てして反論したがらないグループに本心を話させたいときには有効だ。

会議や研修などの組織の業務も、部下にさまざまなことにより深く関わることを教えるよいチャンスとして活用できる。たとえば、新製品の売り出しについて議論するなら、有力視されているアイデアのどこがよくないのか、テーブルを回って1人ひとりにたずね、さらに、そのアイデアの隠れた弱点を見つけるための質問をしてみよう。そして、最後に、部下がその問題をやりぬいたと感じたら、意思決定の基本となる推測を明確にし、補強するためには、こうした質問と反論が貴重だということを教えるのだ。

自分自身の声に耳を傾ける

部下の声に率直に耳を傾ける必要があるのと同様に、あなたは自分自身の声にも耳を傾けなければならない。ここで言う自分自身の声とは、直感や予感と言われているものだが、こうしたものの正体は、じつは「潜在意識」なのだ。つまり、直感や予感というのは、潜在意識がそれまでの経験を分析し、今起こっている現実をどうとらえるべきなのか教えてくれるものなのである。知恵へつながる回線と考えてもよい。

直感にまつわるもっとも劇的な例は、５年ほど前に起こった出来事だ。今は引退しているが、当時第41大隊の大隊長だったフレッド・ギャラガーは、ブルックリンの第２特別救助隊と行動を共にしていた。隊はいつも多忙で、その夜は延焼中の火事に対処し確実に成果を上げていた。

内部消火はてこずったが、隊員たちは消せないとは思っていなかった。にもかかわらず、ギャラガーは何かがおかしいと感じた。いわゆる〝虫の知らせ〟だ。

彼が無意識のレベルで吸い上げてまとめあげてきた莫大な量の証拠の断片が、このビルは倒壊すると告げていたのだ。彼は至急退却するよう命じた。「至急、大至急、全員退却！」。彼が全隊員をビルから退却させたわずか３分後、ビルは倒壊した。

直感はすばらしいものだ。しかし、それは決断を下すときに頼るべき数ある道具の中の１つでしかないことも忘れてはいけない。つまり、直感を怠惰の言い訳にしてはいけないということだ。

ある決断で何かがおかしいと感じたら、つまり直感がやめろと言ったら、決断を引き延ばすべきだ。そして、直感の理由を明らかにするために、「煙」を追うのだ。隠れている仮定を探し、部下と協議し、信頼の置ける同僚や上司にも意見を求めよう。それでも当初の計画から離れる理由が見つけられなければ、その決断を実行しよう。

誰に決断させるのか

効果的な決断を下すためには、それを実行する責任を誰かに必ず負わせる必要がある。しかし実際には、多くの人が、誰かに責任を負わせることも自ら責任を負うこともせず決断を下してしまっている。

だから決断する際には、あなたは次の４つのことを確認しなければならない。

①誰に決断を知らせるべきか？
②望ましい結果は何か？
③その結果を達成する責任者は誰か？
④その結果を達成するのに必要な手段は何か？　手段は揃っているか？

答えが出たら、決断を実行する部下を指名する。できるだけ具体的に、どんな結果を期待しているかその部下に説明しよう。さらに、部下の成長をはかるために、中間目標と、最新の進捗《しんちょく》状況をいつ報告するかということを決めよう。

実行するという行為には、あなたが期待していることと実際に起こっていることを持続的に比較することも含まれるからだ。中間目標と中間報告の設定は、この比較の機会を作るとともに部下と状況を確認しあう機会ともなる。

つい最近、私は第２アラームの火災に出動した。現場は２階建ての商業ビルだった。各隊が２階で炎を発見し消火作業にとりかかったが、鎮火するためには換気が必要だった。つまり屋根を破る隊員が必要だったのだ。屋根に穴を開けたり窓やドアを破ったりしてビルに換気口を作ると対流効果が生まれ、熱や煙をビルの外へ出すことができる。それは部屋の中で上昇している気圧の放出口にもなるので、ポンプ隊が炎に向かって放水しても、炎が隊員のほうへ押し寄せてくる心配がなくなる。

私は機動救助隊を屋根に急派し、その作業に当たらせた。そして換気口を開け終わったら、確認の連絡をするよう指揮官に念を押した。

数分後、穴を開け終わって溝を掘り始めている、と指揮官から連絡があった。しかし、指揮官自身からの情報と私が集めた情報を合わせて考えると溝は必要なく、最初の換気口を大きくするだけで十分だった。そこで私は指揮官にそう伝えた。

これは、権限委譲と中間報告を組み合わせて使うことがいかに重要かを示すエピソードである。つまり、報告は必要とあらば介入するチャンスをあなたに与えるのだ。

部下から定期的な報告を得るだけではなく、現場へ赴き、自分の決断の結果を直接見ることも必要だ。その目的は、実行の努力を誠実に、欠点も含めてありのままに評価することだ。だから、もし定期的に見に行くことができないなら、かわりに信頼できる人物を送り込んで徹底的に調査させよう。

意思決定の4ステップ

以上のことを基本に、私は意思決定の過程を、4つのステップにまとめているので紹介しよう。

ステップ①観察

意思決定の最初のステップは、「情報を集めて『煙』を追うこと」。つまり、観察と情報収集である。この段階であなたに必要なのは、問題に対する第三者の視点を作り出すことだ。より多くの、微妙な差異のある情報を集めれば集めるほど、正しい決断ができる可能性は高まる。

ステップ②的確な判断

的確に判断するというのは、意思決定前の自分がどんな状態にあるのか、そして、意思決定後にはどうなっていいたいのかを考えるために、観察のステップで集めた情報を評価することである。

そのためには、自分に次のような問いかけをすることが必要だ。

「この問題を解くことにはどんな意味があるのか？」

「成功をもたらす正しい決断のためには何が必要か？」

この質問に対する答えが判断の基準となり、判断が的確であればあるほど、つまりあなたの基準が正確であればあるほど、決断が問題を解決する可能性は高まる。

たとえば、複合住居ビルの火災現場に到着すると、4階に逃げ遅れた人がいるという報告があり、さらに隣のビルに延焼する危険性もあったとしよう。私はここで決断しなければならないのだが、そのためには、まずこの特殊な状況を的確に判断する必要がある。つまり、集めた情報やFDNYの使命にもとづき、どういう結果が問題解決になるのか判断するということだ。

私の基準は、逃げ遅れた人を助け、隊員を無事脱出させ、炎自体を封じ込めることである。これらを1つずつ考えた場合は、実行できる戦略や指示できる戦術はいくつもある。しかし、3つの基準をすべて満たすためには、的確な判断が必要となる。消火できても犠牲者が出れば、私の決断は基準を満たしていなかったことになるというわけだ。

いざという時に的確な判断をするためには、普段から自分の行動基準をしっかり把握しておくことが必要だ。だから時間に余裕があるときに、自分の行動基準をしっかり検討し、紙に書き出すべきなのである。的確な行動基準は、役に立つ決断の基礎である。

しかし、的確な行動基準があったとしても、情報が足りなかったり、情報は十分でも解釈を誤ったりすると、的外れな判断をしてしまう危険性がある。だから、この段階でも「煙」を追い続けることは忘れてはいけない。

ステップ③決断

この段階では、いくつもの選択肢の中から、あなたの基準を満たす可能性がもっとも高いものを1つ選ぶことになる。

ここでも部下からよいアイデアをひねり出すために、異議と不同意の手法を使い、部下の本音を聞こう。しかし、ひとたび決断したら、部下に異議を唱える時間は終わったことを理解させなければならない。あなたが最後の決断を下したら、部下に唯一許される反応は実行のみである。

ここで忘れてはいけないのは、何もしないと決断する選択肢もあるということだ。行動を起こしたときのリスクが利益を上回るときは、行動しないことが価値ある決断となる。

ステップ④行動

決断は、実行することによって初めて、それが役に立つものであることが確認されるのだ。忘れてはならないのは、責任者を決め、果たすべき中間目標を明らかにし、その途中でいつ情報更新をすべきか具体的に決めるまでは、どんな意思決定も完了しないということだ。

しかし、結局のところ、最良の決断を下せるようになるためには、まずよき失敗者になる必要がある。これはとくにリーダーにとっては重要だ。失敗したり過ちを犯したりすると（そもそも能力がないのでなければ）、新たな経験に身を置くことになり、自らを成長へと後押しすることになる。過ちがあなたの成長に拍車をかけるのだ。

ジョンソン・エンド・ジョンソン社の前ＣＥＯジェームズ・バークは「人を指導して成長させるときは、決断できるように、そして過ちを犯せるようにすることが不可欠だ」と述べた。もちろん過ちは、あなたがより望ましい新しいことを成し遂げようとした証拠になるだけではない。過ちは学ぶ機会も与えてくれるのだ。

許されない過ちは、２度繰り返した過ちだけである。

リーダーのための５つの鉄則

実行はリーダーシップの一部であり、計画が「正しく」遂行されるための重要なカギである。つまり、実行にまつわる問題は、あなたのリーダーシップの弱点を暗示しているということだ。ＦＤＮＹの指揮官にとって、消火活動という行動、つまり燃えさかるビルの中へ先遣隊を送りこむことは、リーダーシップを試される厳しい試練だ。私たち指揮官にとって、完璧な実行にかかっているのは成功と失敗だけではなく、生と死なのである。

だから私たち指揮官は、隊員を送りこむ前に、まず炎がどこで燃えているか、どんな状態かを確実に知ることから始め、目的が何かをはっきり彼らに伝える。消火してほしいのか、延焼を防いでほしいのか、それとも単に状況を観察して報告してほしいのか、私たちが望んでいることを彼らに確実に理解させるのだ。

私たちはもっとも適切な隊員を選び現場へ向かわせるが、その際には、適切な手段が講じられていることをきちんと確認する。水圧は十分か？　ホースの径口は火災の規模にふさわしいか？　必要なときに前線の隊員を引き継ぐ援護隊は待機しているか？　屋根や窓に穴を開けるはしご隊はいるか？　第2、第3アラームの必要はあるか？

それでも私たちは、常に戦略や作戦を修正し、こう自問している。「これが適当な方法だろうか？」「うまくいかない場合を想定しただろうか？」「代案を用意しているだろうか？」、そして最後に、「何か見落としていないか？」と。

実行とは、単独の技術や特質ではない。実行とは、これまで述べてきたリーダーシップのためのさまざまな手法がいかにうまく展開するかを量る尺度となるものなのだ。

これまで見てきた信頼できる環境作りや部下との関係の確立、組織の目標を部下に伝えることなどが、部下が実行する際に効果を上げる手助けとなる。だからもし決断がきちんと遂行されないときは、問題は部下ではなく、あなたが与えているリーダーシップにあると考えなければならない。

ここでは、部下の実行力を飛躍させるために、リーダーがすべき5つのことを整理しておこう。

①目的・手段・優先順位をはっきり伝える

実行にとりかかる前に、部下に明確な目的と手段を伝えることが必要である。

これは、先の章で述べたコミュニケーションや絆に関わっている。正しく伝えるためには、部下との間に共通言語を確立していなければならないからだ。特定の表現や言葉を理解することができなければ、部下は主観的な意味や一般的な概念に頼って解釈してしまう。だからリーダーは、「私が望むことはわかるだろう」「前回と同じようにしろ」「実行しろ」といった指示は、決して口にするべきではない。

そうではなく、質と量の条件に触れながら、どんな結果を望んでいるか具体的に述べるのだ。それは、「火を消せ」という指示と、「部屋に穴を開け、径口6センチのホースを2階へ4本伸ばし、内部消火活動をしろ」という指示の違いだ。どちらの指示が的確な実行に結びつくか、言うまでもないだろう。

目的を告げるとき、部下に優先順位を伝えることも大切だ。

たとえばFDNYでの優先順位は「人命、消火、財産」の順だが、これがきちんと伝わっていれば、決断を実行する際の目的が消火であっても、人命を危険にさらすような方法をとることはできないことが自然と伝わるからだ。

②担当者を決め、意見を求める

決断を実行させるとき、あなたは進行中の計画を実行するにふさわしい能力や経験を持った部下に担当してほしいと思うはずだ。

それならば、意思決定の過程の早い段階で人物を特定し、観察、判断、決断の行程にその人物を参加させるべきだ。なぜなら、そうすることによって、責任が明らかになり実行を強化することができるからだ。

部下に、気にも留めていないことをやりたいと思わせること、つまり「動機づけする」ことはできない。動機づけは、部下が自分自身でするしかないのだ。では、どのようにすれば、部下が自分から動機づけするように仕向けることができるのだろう。

私は、部下を意思決定の過程である議論や計画に参加させるという方法を採っている。彼らを意思決定の場に立ち会わせ、意見を聞き、明確な目標を伝え、他の選択肢や付随的な計画を提案する場にも参加させれば、部下は自ずと現在進行している企画に個人的な関心を持つようになる。

これは部下への迎合や自らの権限放棄ではない。意思決定の過程から生まれた結果に、部下を個人的に関係させているだけだ。言い換えると、部下が実行に責任を持つために必要な状況を作り出しているのだ。

部下が組織の目標に自分たちも影響を与えていると思うことができ、自分にも発言権があると感じることができれば、計画に対する関心、責任感、献身度も能率も高まっていく。こうして実行が始まるのである。

③目的達成に必要な資材を与える

目的を達成するために必要なものを部下に与えるのは、リーダーとしてのあなたの仕事だ。

ＦＤＮＹでは、火災現場での諸資材の手配は現場指揮官の単独責任だ。

現場の指揮は、火災現場に最初に到着した隊の指揮官が執る。ポンプ隊が猛スピードで到着すると、その隊長か小隊長が歩道に立った瞬間に現場指揮官となるのだ。そして第2アラームかそれ以上の火災だと判断した場合は、さらなる諸資材を要求する権限を持つ。

この時点で、現場指揮官のもっとも重要な使命は、諸資材の手配になる。火災は信じられないほど速く進行するので、炎を相手に遅れを取り戻すのは非常に困難だからだ。現場指揮官は、いつどんな展開を見せるかわからない状況に立ち向かうために、諸資材を手元に揃える必要があるのだ。

現場指揮官は常に消火作業の進捗具合を監視し、発見したことにもとづいて援護隊や予備の装備を準備させる。ＦＤＮＹの指揮官養成コースの教官として、私たちは適切な準備を怠ってはならないと力説しているが、それは私たちが、消火作業にたずさわる隊さえ現場にいればいいとは決して考えないからだ。常に装備を調えた援護隊を待機させ、火災が広がったり、逃げ遅れた人がいるとの報告を受けたり、隊員の負傷や行方不明といった不測の事態が起こった場合には、すぐに活動を開始できるようにしておき、援護隊が活動に入ったら、すぐにまた新たな援護隊を用意するのだ。

リーダーは、次々と出される指令に応えなければいけない。だから予備のスタッフであれ、業界の競争についていくための新しい装備であれ、すばやくより多くの諸資材を入手できない状態では指揮を執るべきではない。

しかし実際には、どこの組織においても、常に十分な諸資材を調達するのは簡単なことではない。コスト削減という大きな壁が立ちふさがるからだ。ＦＤＮＹでも似たような制約を受けているし、私も常に予算削減を恐れ、訓練や活動に欠かせない新たな装備の購入を却下されるのではないかとびくびくしている。

しかし、たとえ予算を削減されても、諸資材を最適な部署に置けば、仕事で上げる効果が予想以上に損なわれることはないということも確信している。こういった選択はとても難しく、あなたは手に入れられる最良の情報にもとづいて行動することが要求されるだろう。だが「煙」を追い、出費に見合う最大の価値がどこで得られるかわかれば、必要最小限の予算で、決断を実行する能力を維持することができるのだ。

④戦略は伝えるが、作戦は委任する

「戦略」とは、ただの作戦や作業計画ではない。戦略とは、あなたが目的をいかに達成するか、いかに物事を成し遂げるかに関わる広範で重要な理論である。

一方、「作戦」とは、戦略の「作業方法」である。戦略という巨大な概略図の中で、具体的にはどのように「ここ」から「そこ」へ行こうとしているのかを説明するのが作戦である。

あなたには戦略を決定し、部下に確実に教える責任があるが、部下に作戦計画を手渡したくなる誘惑には勝たなくてはならない。部下にあなたのやり方を押しつけることは彼らの成長を助けることにも、自分たちには価値があり役にも立つと感じさせることにもならないからだ。

あなたの使命は、部下が達成すべき目的と守るべき指針を明確にすることだけだ。その先は部下に任せなければならない。成し遂げる方法は、部下自身に決めさせるということだ。

自分たちのやり方で進めていく自由を部下に与えれば、あなたが部下を信頼し頼りにしていることを示すことができるし、部下に解決策を自ら考え出させることもできる。そうすることによって部下は計画や企画の当事者になるので、すばらしい実行へ結びつく。

だからFDNYでは、作戦指針や優先順位を確立したら、あとは部下に任務を任せる。私ははしご隊にどうやって屋根に行けとか、どんな装備を使えとか、到達したら何をしろといったことは決して言わない。ただ屋根に換気口が必要だと言えば、彼らがうまくやり遂げてくれるとわか

っているからだ。彼らが私とは違う方法を使ったとしても、何も問題はないのだ。

このように作戦、つまり作業計画は部下に立てさせるべきだが、だからといって放っておいていいわけではない。あなたにはそれをマネージメントする必要がある。

この場合の最高のマネージメント法は、中間目標という道標を建てることだ。作業計画とは「長期目標を短期目標に分解する」ことにほかならない。そして短期目標は、正しく使えば部下が戦略の中を進んでいく際の標識として働く。

そしてここで大切なのは、この標識を本当に役立たせるために、フィードバック計画と結びつけるということだ。具体的に言えば、進捗状況を報告する機会をいつ持つか、部下とあらかじめ決めておくのである。定期的なフィードバックは、部下から情報を集めるよい機会となるだけではなく、それまで見逃していた障害や、変わりつつある情勢に気づくチャンスでもある。

部下に作戦を委任する際に、部下の経験が浅かったり、新しい部署に配属後1年経っていなかったりすると、彼らが戦略をどのような作業計画にするつもりか説明させたくなるだろう。そんなときは説明させるのではなく、どのように中間目標を達成するつもりなのかたずねるといい。そして、彼らの計画が達成不可能に近いとわかったら、その計画の欠陥を見つける手助けをするのだ。このときも、「正しい」答えを彼らに与えてしまうのではなく、問題を見つけ出し、自分なりの解決策を出せるよう指導することが大切だ。

経験豊富な部下の場合は、中間目標と進捗報告計画だけを話しあって決めたら、あとは部下が自信のある作業計画を立てていることを再確認するだけでよしとすべきだ。

しかし部下がベテランであろうと新人であろうと、緊急時に対応する計画は彼らと一緒に立てるべきである。あなたが唯一確信できることは、〝確かなことは何もない〟ということだからだ。

私はいつも事態の一歩先を行こうと努力し、何がなされるべきか、何がなされているか、今の作戦が失敗したら何をすべきか注視している。それでも不測の事態すべてに備えて計画を立てることはできない。

だから、計画に着手する前に部下を集め、崩壊しやすい分野を見つけ、それから補正行動計画のあらましを決めておく。緊急時対応計画をどこまで細かくするかは、あなたと部下次第だ。おおざっぱな骨組みで満足するリーダーもいれば、充実した肉付きのいい計画を実行前に全員が承認することを望むリーダーもいる。どちらにするかはあなた次第だ。

決断実行の責任を負う部下に会い、目的を明確にし、戦略を立て、中間報告に同意し、進捗報告を設定し、緊急時対応計画について話しあってようやく、議論の核心、つまり結果に到達する。

ＦＤＮＹでは、作戦を決断した人物に復唱することによって細部を確認している。たとえば私が第58はしご隊を呼び出し、アパート５Ｃに逃げ遅れた人がいるとの報告を受けていると隊員に告げ「救出開始」と言うと、第58はしご隊の隊長はこう答える。

「第58はしご隊から第18大隊、大隊長へ。了解、逃げ遅れた市民救出のためアパート5Cに向かいます」

この簡単なやりとりで、双方が同じことを考え作戦を実行していることが確認できるのだ。

⑤計画を再検討し、理にかなっているか確認する

決して変化しないのは、変化だけだということを忘れてはならない。

だからリーダーは、「すべてが理にかなっているか」という質問を、実行の過程で常に自問する必要がある。それは立案の段階だけでなく、フィードバックが新たな障害や予期しない展開を警告しているときにも必要だ。この質問であなたは立ち止まり、実行を成功させるために必要なあらゆる要素、つまり目標、人材、諸資材、戦略、計画を再検討し、集めた情報や発見を考慮し、やはり実行できるということを確認するべきなのである。

かつて私たちは、煙に向かってホースを開いてはいけないと隊員たちに教えていた。なぜなら、煙は細かなすすや空中を漂う水滴でできた霧なので、放水すると煙がかき混ぜられたスープのように濁ってしまうからだ。そうなると中にいる隊員は完全に視界を失ってしまうので、煙に放水してはいけないと教えていたのだ。

しかし、このやり方が求められたのは、ニューヨークのビルの窓が1枚ガラスだった時代のことだ。1枚ガラスの窓は、炎がある段階に到達すると、熱の圧力に負けて割れ、自然に熱を外へ

逃がし、煙の温度は下がる。しかし近ごろのビルでは、保温性の高い窓ガラスが使われているので、温度圧がかかっても窓は割れない。そうなると熱は逃げ場を失い、その結果、煙の温度が800度近くにまで達する熱煙と呼ばれる現象が起こる。これに触れたら皮膚はいとも簡単に黒こげになり、骨にまで達する第3度の火傷を負ってしまう。

そのため今では、私たちはときどき煙に向かって放水するようになった。水が水蒸気になって熱を奪い、安全に活動できる温度にまで下げるからだ。

これは新しい情報や事態に則して計画を変更したが、より広い任務の指針からは逸脱しなかった好例と言える。

中間目標を考え出し、諸資材を確認し、人選をしたときには完璧に理にかなっていると思われた仮定も、環境が予測できない変化を遂げたあとにはただの妄想にしか思えなくなってしまうこともある。だからフィードバックを加味した会議を実行の過程に組み入れ、目標設定の基準にした仮定を再確認する必要がある。

新しい情報、突然生まれる障害、思いがけない流行の変化を、計画や中間目標、最終目標を再検討する絶好のチャンスととらえる順応性を持とう。

長期的視点は、根本的な優先順位である顧客に利益を生み出すことに集中し続け、短期的には目標へ向かう道のいくつかの候補、予測不能な障害、迂回路《うかいろ》に集中するのだ。

そして、フィードバックの情報によって基本戦略の見直しを迫られたら、恐れずに上司に報告しよう。たとえ上司が中間目標や定期的な会議であなたの実行過程を支えてくれなくても、そういったことが物事を効果的に成し遂げるためにはいかに重要か、今はあなたにもわかっているはずだ。だから率先して行動しよう。

リーダーとして、あなたには組織が目標を達成することを確認する責任がある。組織の戦略全体に変更を迫りそうな情報を見つけたときに求められる実行は、戦略を新しいかたちに作り直すことができる人物に知らせることである。

第8章　判断こそリーダーの責務（道幸）

第7章は、優れたリーダーの決断についてまとめられています。

優秀なリーダーの決断は、まず、「部下に任せるもの」と「自分でするもの」の2つに大別されます。

ここで注目すべきは、**部下の誰かが決断できることなら、その人が決断すべきだ**という部分でしょう。

優れたリーダーは、決断する権利、意思決定の権利を進んで部下に委譲します。なぜなら、部下は決断をしたがっているし、リーダーは決断すべきことがたくさんあり、それをすべて1人でやっていたのでは、決断のクオリティーが下がってしまうからです。また、何でもリーダーがしてしまうと、サルカが言うように部下に「自分たちが役立たずで、無力だと思い込ませることになる」のも事実です。ですからリーダーは、「誰がその決断をできるのか」を考え、できる限り権限委譲していくことが大切です。

ただ、決断の権利をほしがる部下はたくさんいても、その権利には責任が伴っていることをきちんと理解したうえで望んでいる部下は多くありません。彼らは、決断はしたいが責任は上司がとってほしいと思っているということです。リーダーはそのことも知っておくべきでしょう。

しかし、最初から「おまえが責任をとれ」と迫ったのでは、部下は萎縮して決断に踏み切れなくなってしまいます。ですから最初は、「責任は私がとるからやってみなさい」と勇気を与えながら、責任感や責任のとり方というものを教え、一人前に育てていくことが必要です。

これは、リーダーの決断における価値観、決断のコア・バリューとでもいうものをスタッフと共有化していく大切なプロセスでもあるので、「自分で決断したほうが早い」と面倒くさがらずに取り組んでください。

タイミングを見極めるのは感性

もう1つの決断、リーダー自身がすべき決断で大切なことは、「タイミング」を見極めることだとサルカは言います。

決断は、できるだけ多くの情報を収集し、それを検討したうえでするのが基本です。しかし、どんなに多くの情報を集めたとしても、十分な情報になることはあり得ません。これは、どこかで情報の収集をあきらめ、意思決定をしなければならないということです。そして、このとき注意しなければならないのが「待つ時間が長くなればなるほど、決断の〝タイミング〟を逸してしまう」ということです。

決断するためにはできるだけ多くの情報を集めなければならないが、情報の収集にいつまでも時間をかけていたら、もっとも大切な決断のタイミングを逃して失敗してしまいます。

情報はたくさんほしい。しかし、決断はできるだけ早くしなければならない。この相反する思いの中で、ベストの瞬間を見極めるのは「感性」です。

著者は、それを「直感」という言葉で表しています。

以前、本で読んだのですが、ビル・ゲイツはほとんどの決断を、瞬時と言ってもいいほどの短時間で行うそうです。その勝敗は６勝４敗。これは経営者の勝率としては非常に高いものです。

彼が勝てる理由は、「自らの直感」を信じて決断しているからです。

多くの人は直感を、あてにならないもの、不確実なもの、と思っているようですが、それは違います。「直感」というのは、潜在意識からのメッセージなのです。

人間の意識は、通常われわれがはっきりと自分の意識だと認識している部分、つまり「顕在意識」と、普段は意識と認識されていない意識の深い部分、「潜在意識」からなります。

この２つの意識の占める割合は顕在意識が３％、潜在意識が97％だと言われています。つまり、潜在意識は、顕在意識よりはるかに膨大な量のデータを持ったデータベースだということです。

そして、情報を集め検討し、そこから答えを導き出すのは顕在意識の領域で行われる作業なのに対し、直感は、潜在意識にアクセスするものなのです。

私は仕事柄、経営者の方と触れあう機会が多いのですが、成功している方はみな、成功の秘訣は直感だと言います。

そこにロジックはありません。あるのは、**自らの感性を信じる力だけ**です。

サルカは、「直感や予感というのは、潜在意識がそれまでの経験を分析し、今起こっている現実をどうとらえるべきなのか教えてくれるもの」だと言い、そのすばらしさを認めていますが、同時に「直感がやめろと言ったら、できるだけ決断を引き延ば」し、顕在意識でその裏付けをとることを勧めています。

確かに、「曖昧な直感」に、ただ従うのは賢いリーダーのすることではありません。

しかし、「研《と》ぎ澄《す》まされた直感」であれば、私は素直に従ったほうが、成功する確率ははるかに高くなると確信しています。

つまり、**直感を活用しようと思うなら、きちんと直感力を磨かなければダメだ**ということです。

直感力を磨くテクニック

直感力を磨くには、自ら意識的に潜在意識にアクセスし対話することが必要です。**自分の潜在意識と対話することをセルフトーク**といいます。

セルフトークのやり方はいろいろあるのですが、私がお勧めするのは、ナポレオン・ヒルが著作で紹介しているもので、「マスターマインド」を自らの中に作り出し対話するという方法です。

ナポレオン・ヒルは、自分のメンターの中から歴史上の偉大な人物を9人選び、イメージの中でその9人と円卓を囲み、毎日のように「円卓会議」を開き、そこでさまざまなことを話しあったといいます。

もちろん、それらの偉人は、ただ漠然と知っているという程度ではセルフトークできません。イメージの中で対話するためには、その人の人生や考え方などできる限りの情報を、あらかじめ潜在意識に詰め込んでおくことが必要です。ですから歴史上の人物であれば、伝記やその時代の歴史書を読んだり、その人を描いた映画を見たりと、その人についてのさまざまな勉強をするのです。

円卓会議のメンバーは、歴史上の人物に限定する必要はありません。恩師や尊敬する経営者など、困ったときに意見を聞きたい人、見習いたい人、弟子入りしたい人など、あなたが尊敬する人物であれば誰でもいいのです。ちなみに私の場合は、船井総研の小山社長や世界的革命家のチェ・ゲバラ、先日直接お話を聞く機会を得たワタミの渡邉社長などがメンバーです。そういう人たちとの対話を望むのであれば、著書はもちろん、雑誌の記事を読んだり、その人の講演を録音したテープを繰り返し聞いたりすることで潜在意識に取り入れるのがとても効果的です。もっとも効果が高いのは、その人物に直接会って、全身で感じた情報を潜在意識に入れることです。

こうして、多くのデータが潜在意識に入ると、不思議なことに、イメージの中で本当に生き生きとその人たちが対話をしてくれるようになります。それはとても不思議な感覚です。自分のイメージの世界、つまり自分の中で行われていることなのですが、自分1人で考えていたときには思いもつかないアドバイスや考え方を、その円卓会議で受け取ることができるようになるのです。

このようにしてセルフトークを繰り返していると、潜在意識にアクセスしやすくなるので、決断を求められた瞬間に、「直感」で選ぶべき選択肢が啓示されるようになっていきます。

ただし、最初にも言いましたが、直感力の精度は磨かなければそれほど高くはありません。ですから、直感を受け取りやすくなったら、次には勝率を上げていくための訓練が必要です。それは、決断を繰り返し、自分の失敗と成功のパターンを知ることです。

まず勉強して潜在意識に多くの情報を入れる。情報が入ったら、セルフトークを繰り返し、潜在意識と意識的にアクセスするクセをつける。それができたら、直感を信じて決断し、その成否から、どのようなときに自分は決断を間違えやすいのか知るのです。自分の失敗パターンがわかれば、それを補ってくれるような人を選び、その人について学び、円卓会議のメンバーに加えていくのです。これを繰り返していくことで、あなたの直感力は磨かれていきます。

潜在意識はとても大きな力を秘めています。

　ここではセルフトークによる方法をお話ししましたが、潜在意識を活用する方法は、じつはほかにもたくさんあります。書店の自己啓発関連の棚に行くと、ナポレオン・ヒルやマーフィーを筆頭に、さまざまな本がありますので、ぜひそれも勉強していただきたいと思います。

情報の共有を文化にする方法

　いくら直感がすばらしいと言っても、やはり決断の基本は「情報収集」です。

　サルカは、リーダーシップのさまざまな面で、情報を共有化することの大切さを繰り返し述べていますが、ここでも、情報の多くは部下が握っているとしたうえで、部下との双方向コミュニケーションを通して、情報共有を成し遂げる方法を語っているのです。

　部下の声を聞く方法として有効なのは、議論や討論、質問を使って部下独自の知識や視点を明らかにするというやり方である。これは言い換えれば、異議や不同意を示すことで部下を立腹させ、奮い立たせるというものだ。

　皆さんは、こうしたやり方が、サルカが第5章で述べた双方向コミュニケーションの1つのやり方であることに、すでにお気づきだと思います。

　つまり、情報収集能力とは、コミュニケーション能力だということです。

　第4章では、情報を提供してくれた部下には、「ありがとう」ときちんと感謝の言葉を伝えることで情報提供を促すことができると説きました。人は痛みか快楽の感情でしか動かず、多くの人は「感謝の言葉」という快楽を求めているからです。企業の場合、インセンティブはお金で支払われるべきものだと考えている人も多いのですが、人が求めているのは、必ずしもお金ばかりではありません。理解してもらうこと、感謝してもらうことも大きなインセンティブの1つだと考えてください。

人を動かすとき、この感謝や理解（承認）を「飴《あめ》」にたとえるなら、ときには「鞭《むち》」が必要な場合もあります。

その鞭にあたるのが、異議や不同意で、相手を立腹させるような行為です。

これはとくに、部下がリーダーとは異なる意見を持っている場合に有効です。なぜなら、「この情報を提供すればリーダーに喜んでもらえる」という場合は、部下は割と気楽に情報を提供することができますが、「自分が知っていること、思っていることは、リーダーの意見に反するものだ」と感じたときには、リーダーの不興を買うことを危惧し、口をつぐみがちになるからです。

しかし、**本当に優秀なリーダーが求めているのは、じつはこうした反対意見なのです。**同じような情報ばかりを集めてもあまり意味はありません。さまざまな情報が集まって初めて、判断材料とすることができるのです。

リーダーとスタッフの間に距離がある場合、確かに「鞭」を使う方法は有効です。著者の言うように、ルールとして反対意見を言う役目を設けるのもいいでしょう。しかし、理想は、鞭など使わなくても、スタッフが安心して反対意見を提供できる環境を作ることだと私は思います。

そのためには、鞭を使って反対意見を引き出したとき、リーダーが自分が反対意見を歓迎しているんだということを、スタッフに示し続けることが大切です。さらに、その反対意見が、どれほど受け入れ難いことであったとしても、できる限り、いや、1ヵ所でも同意できるところを探し出して承認することです。

デール・カーネギーの名著『人を動かす』には、たとえ相手が盗人であったとしても3分の理を認めることが必要だとあります。また同じように、コヴィーの『7つの習慣』には、人を動かすコツはまずこちらが先に相手を理解することだ、ということが書かれています。

ここで勘違いをしてほしくないのは、相手を承認するということと、何でも部下の言いなりになるのはまったく違うことだということです。相手の理は認めても、意見としては採用しないという毅然とした態度が必要な場合も多々あります。サルカが紹介している、反対意見を持ってきたベテラン消防士に対する対応がそのいい例です。

自分の意見が採用されなくても、「リーダーが反対意見を歓迎している」ということが伝われば、相手は納得します。そして、自分のしたことには大きな価値があったと理解します。そうしたことが繰り返されていったとき、やがてその組織全体に進んで反対意見を提供するという文化が根付いていくのです。

戦略はリーダー、作戦は部下が担当

部下に決断の権限委譲をする場合、リーダーがどこまで介入するのかという見極めを間違えてしまうと、リーダーシップを大きく損なうことになるので注意しなければなりません。

サルカは、部下の実行力を飛躍させるためにリーダーがすべきこととして、5つの項目を挙げています。

その中で私がとくに注目すべきだと思うのは、④の**戦略は伝えるが、作戦は委任する**と、⑤の**計画を再検討し、理にかなっているか確認する**です。なぜなら、①〜③まではリーダーが無条件に与えればいいのに対し、最後の2項目は適度なところを見極めながら物事を進めなければならないからです。

まず「戦略と作戦」について見ていきましょう。

ここでサルカは「あなたには戦略を決定し、部下に確実に教える責任があるが、部下に作戦計画を手渡したくなる誘惑には勝たなくてはならない」と警告しています。つまり、戦略を作るのはリーダーだが、作戦を立て実行するのは部下でなければならないということです。

このことを理解するためには、戦略と作戦の違いをはっきりと認識しておくことが必要です。

戦略というのは、一言で言えば「全体像」ですが、そこには目的としてのゴールイメージと、自分の現在地、つまり現時点でのポジショニングが含まれます。**全体像の中で、今自分たちはどこにいるのか、そしてゴールの位置はどこなのか、ということを明確にするのが戦略**です。

それに対し、**作戦というのは、現在地からゴール（目的地）まで、どのような道筋をたどっていくか、つまり目的地へ至るルートと手段**です。

たとえば、私の場合、将来自分がどんなポジションに行き着きたいのかという明確なビジョンがあります。今の自分のポジションもわかっています。そして、現在地から望むポジションに行くためには、自分をブランディングしていくことが必要なこともわかっています。これが戦略です。

しかし、どのような方法でブランディングするのがいいのかという作戦の部分は、部下に戦略を伝え、理解してもらったうえで、権限委譲をして任せています。

たとえば、「こういうことをこういう人たちに伝えていきたい」ということまでは、私が考えるのですが、「では、こういう雑誌に連載し、同時にネットではこういうことを仕掛けていきましょう」ということを、部下は自分たちの裁量で選択・実行していけるということです。

そうした部下が進めている戦術の中の1つに、ポッドキャストがあります。ポッドキャストというのは、ごく簡単に言えば、ネットからｉＰｏｄ（アイポッド）にダウンロードできる音声版ブログのようなものです。

正直に告白しますと、私はこのポッドキャストについては、あまり詳しくありません。もちろん担当者から報告を受け、それが戦略の中でどのような働きをするのか、その効果がどのぐらい見込めるのか、という確認をしたうえで最終的な意思決定は私がするのですが、実際の仕掛けを作り、物事を動かしていくのは、彼らスタッフなのです。

このように信頼して任すことで、部下はやりがいを感じ、私の戦略を実現させるためのより一層の努力をしてくれるのです。

フィードバックと軌道修正

いくら作戦は部下に権限委譲すると言っても、丸投げにして何もフォローしなくていいということではありません。**きちんと定期的な報告を受け、それが戦略の中できちんと動いているのか見極め、問題があればそれを伝え、軌道修正をしていくことが必要**です。それが、⑤の「計画を再検討し、理にかなっているか確認する」ということです。

作戦は、どんなに綿密に立てられたものであっても、計画通りに進むとは限りません。基本的には、そのことも加味して作戦を立てるのですが、それでも想定外のことが生じたり、さまざまな要因で計画が狂うことはあります。そうしたときには、「撤退」の可能性も含めて、どのような軌道修正をするのか考えることが必要です。

軌道修正には2つあります。上方修正と下方修正です。とくに注意が必要なのが、下方修正を行うときです。上方修正は、物事が予定より速いスピードで進んでいる状態です。作戦の進行を急いだり、受け皿を広げたりと、物理的に大変な面はありますが、物事がよい方向に進んでいるのですから、メンタル上の問題はほとんどありません。

しかし、下方修正をしなければならないとなると、多くの場合、スタッフのモチベーションが下がってしまうのです。

ですから下方修正をする場合は、単に作戦を見直すだけでなく、リーダーは、スタッフのモチベーションが下がらないような工夫をすることが必要です。

実際に、私がセミナーで使い、とてもうまくいった手法があるのでご紹介しましょう。

まずとても簡単なものから。定員200名のセミナーを計画していたのですが、当日近くになってもチケットの売れ行きが芳《かんば》しくなく、どう見積もっても半分しか埋まりそうにないことが判明したのです。主催者はがっかりし、担当者は責任を感じてうなだれていました。そこで私は、イスの数を半分に減らし、かわりにテーブルを入れることを提案しました。

すると、満員に見えるだけでなく、お客様からはテキストが置けてメモも取りやすかったという喜びの声が返ってきました。おかげでスタッフも主催者も気持ちを立て直すことができました。

もう1つの方法は、もう少しひねりが加わっています。そのセミナーは3000人規模のもので、会場に机を入れることはできなかったからです。規模の大きかったこのセミナーのときには、軌道修正はもう少し早めに行いました。とはいっても、それはセミナーのわずか1週間前でした。

話題性はあるはずのセミナーなのに、少し値段が高かったこともあり、席が半数近く残っていました。このとき私が提案したのは、1000人の無料ご招待を行うというものでした。あと1000人が来てくれれば、会場の80%が埋まるので、来てくださったお客様にセミナーが成功している印象を与えることができます。

今さら多額の広告費をかけても回収できる保証はありませんでした。それどころか、さらに広告費をかければ、セミナーの収支が赤字になることは確実でした。しかし、無料ご招待なら、雑誌などの媒体が読者サービスの一環として取り上げてくれるので、入場料にはなりませんが、広告費をかけずに1000人の来場者を確保することができます。

私はスタッフに言いました。この1000人は、当日の入場料には結びつかないけれど、少なくともこのセミナーに興味を持って参加してくれたのだから、私たちの努力次第で、将来の利益につなげることができます。そのつもりで頑張ってください、と。

おかげで当日はモチベーションが下がることなく、セミナーを成功させることができたのです。

マイナス修正するときでも、何かしらそこに光明を見いだし、そこにフォーカスすることで、モチベーションを維持させることが、リーダーの大切な役目だと私は思っています。

撤退ラインは決めておく

軌道修正の中には、「この作戦からは撤退する」という厳しい決断をしなければならないときもあります。

じつは、**撤退の決断というのは、前進の決断よりもはるかに難しい**ものです。

撤退のタイミングを間違えないために、私は作戦の遂行を決める時点で、あらかじめ「撤退ライン」を明確化してスタッフと共有することにしています。たとえば、6ヵ月この作戦を頑張っても、結果がこの数字に満たなかったら、この作戦自体を白紙に戻そう、というようなことをみんなで取り決めておくのです。そうしておくと、いざというときに迷わなくて済みます。

スタッフも、撤退ラインが同時に中間目標の最低ラインにもなるので、なんとしてもそこまでは と頑張ってくれます。もし撤退となっても、リーダーの決断に不満を抱くこともありません。

実際にやってみたら、6ヵ月後の数字がとても微妙なラインにあったため、もう1度戦略と照らし合わせ、1ヵ月だけというように条件付きで撤退ラインを再設定したこともありました。

でも、そうしたときでも、「数字がラインに達していないのだから、本来なら撤退するところですよね」と、最初の設定を再確認したうえで軌道修正することが大切です。そして、2度目の「もう少し」は決して受け入れてはいけません。

人間は感情の動物であり、誰だって負けを認め撤退するのはつらいので、なんとかしようとあがくのですが、そうした努力は徒労に終わることが多いことも事実だからです。

ここでも大事なのは、モチベーションの維持です。

何のために撤退するのか。次に大きく勝つために撤退するのです。リーダーは常にその意識を失わず、**撤退するときにこそ意識をプラスに変え、部下を鼓舞し、モチベーションを失わないように導くことが必要**なのです。

第9章　部下を育てる

第7章でも触れたが、部下がやりたくないと思っていることを、無理に「させる」ことは不可能である。恐怖心を抱かせてやらせることもできないわけではないが、長い目で見ると、それは部下を敵に回すことになる。また、非常に高い標準値を設定し、その達成に向け部下を無慈悲に追い込んでやらせるという手法もあるが、これはたいてい部下が精神を消耗して終わる。つまり、どちらの方法もよい結果には結びつかないということだ。

多額の報酬を与えるというやり方が効果的だと言われているが、現実を見ると、必ずしもそうとは言い切れない。確かに安い給料しか受け取っていない人は明らかにやる気を失うが、賃金が増えたからといってモチベーションや生産性や効率が必ずしも上がるわけではないからだ。

では、どうすれば部下をやる気にさせることができるのか。

部下をやる気にさせる唯一の現実的な方法は、部下に成功の機会を提供することだ。

たとえば消防隊員の場合、成功とは人命救助に成功することを意味する。だからＦＤＮＹでは、部下をやる気にさせるために、「成功する機会」となるような「よい火災現場」へ部下が行けるような配慮をできるだけしている。

「よい火災現場」という表現にとまどいを感じる読者もいるだろうが、消防隊員にとってよい現場とは、生死に関わる危険な火災である。そういった現場のほうが、緊急事態に加わったり、仲間の前で自分の能力を示したり、グループの尊敬を集めたりする機会が多くなるからだ。部下が消防隊員でなくても、こうした基本は変わらない。なぜなら、部下にとっての成功とは、彼らが設定した目標や夢が達成されたときに得られるものだからだ。

部下を鼓舞する6つのステップ

部下のやる気に火をつける最良の方法は、彼らが目標に向かって努力する機会を与えることだ。しかし、単に機会を与えるだけでは部下が成功できるとは限らない。そこで、ここでは、与えた機会を「成功する機会」とするためにリーダーがなすべきことをはしごに見立て、6つのステップに分けて説明しよう。

ステップ①明確な期待を設定する

最初のステップは、部下をあおり、やる気にさせるために「期待」を明確にすることだ。

期待は曖昧であってはならない。期待を設定する際には、期待を数値にするなど、できるだけ明確なものにするよう心がけることが大切だ。従業員に「君が顧客満足度に注目することを期待しているよ」と言うのと、「君が顧客満足度を5％アップすることを期待しているよ」と言うのでは、相手はまったく違った受け取り方をする。

あなたが部下に何を期待しているのか、とくにあなたが部下の成功をはかるための数値を使ってはっきり設定しよう。

しかし、能力や才能がそれぞれ異なる個人からできているグループに1つの基準を当てはめるのは賢い方法ではない。期待をすべての従業員に平等にかければ、平均値を得られるかもしれないが、それは優秀な部下にとっては動機づけにならないので、彼らが平均を上回る仕事をすることはないだろう。つまり、たった1つの基準を部下全員に当てはめることは、部下の仕事の質を「悪化させる」結果にしかならないということだ。

こうした仕事の質の悪化を防ぐには、部下と一対一で仕事をし、個人特有の能力や適性に合った期待を設定することが必要だ。理想的なのは、個人がすでに達成している目標よりもやや高いレベルの達成を目指すことを「期待」することだ。

こうした手法はストレッチゴールと呼ばれる。少し手を伸ばさないと、つまりストレッチしないと達成できない目標ということだ。

かつてとても平穏な消防署から昇進してきた若い小隊長がいた。彼は試験に合格し昇進したのだが、経験が足りなかった。それは誰の目にも明らかだった。そして、この若き小隊長を署の本当の財産にするべく、勤務状態を向上させるのが私の仕事だった。

そこで私は手始めに、彼が失敗するたびに脇へ呼んで、失敗の原因は何で、失敗しないためにはどうすればいいかを説明した。つまり彼に、私がFDNYの小隊長に期待しているような仕事を、彼はまだしていないということを知らしめたのである。そして同時に、彼に何を期待しているかを教えることで、産みの苦しみを与えたのである。

彼はその苦しみから解放されようと必死になった。そして私の期待に十分応えることができるようになるまで努力し続けたのだ。

このように、ハードルを少し高くすると、期待は魔法になる。高めのハードルは大半の人にとってはストレスだが、ある程度のレベルまでなら、ストレスは仕事に対するポテンシャルを上げる。ストレスは考えを集中させ、エネルギーを高め、気を散らすものを追いはらうからだ。とは言っても、それはストレスを感じていないわけではなく、ストレスを、自分を次のレベルへ高めるための燃料として使っているということだ。

ストレスは炎と同じで、少量なら有益で不可欠でさえある。だが、手に負えないほど大きくなると深刻な問題になる。ストレスが大きすぎるとパニックに陥り、理論的に考える力が阻害され、衝動と直感に頼るようになるからだ。もちろんストレスによる影響は人それぞれ異なる。だからこそ、グループ全体の平凡な基準に頼るのではなく、1人ひとりに合わせて期待を仕立てることが重要なのだ。

ステップ②楽観的でいよう

火災と闘っていると、天井が背後で落ちたり、火焔地獄に閉じ込められたり、そっと足を踏みだしたとたんに床が崩れ落ちたりと、瞬く間に部下の勇気をくじき、やる気を失わせるようなことが起こる。こんなときは、鎮火はもとより生きて帰ることさえも困難に思える。もちろん、部下を集めて檄《げき》を飛ばす時間などない。だが、そんなときにこそ忘れてはならないのが、「部下は常にあなたを見ている」ということだ。

苦しい状況下でも動じず、成功して当然だと言わんばかりに行動するあなたを見れば、部下はそれだけでほっとし、自分の仕事に専念できるだろう。

では、プレッシャーを感じながらも平静を保つにはどうすればいいのか。

基本的に楽観的でいることだ。

リーダーが楽観主義でいることには、もう1つのメリットがある。それは、障害や困難に直面してもリーダーの心構えが前向きであれば、困難を乗り越えられる可能性が高くなるということだ。そんなことは甘い考えだと思う人もいるかもしれないが、グループ内の雰囲気が、物事の成否に大きな影響を与えるということを思い出してほしい。

競争を勝ち抜くために有効な新しい技術や過程を見つけたら、それを受け入れるのがリーダーとしての義務だ。楽観主義もそうした「技術」の1つと考えて受け入れるべきものなのだ。

しかし、ここで注意しなければならないのが、現実に向き合おうとしない態度から発生する自己欺瞞《ぎまん》と、楽観主義を混同してはいけないということだ。誇り高い組織が衰退へ滑り落ちているにもかかわらず、その現実を認めず、今も自分たちは先駆者であり市場の牽引役であると主張し続けているのを見るのは気が滅入るものだ。これは楽観主義ではなく、恐れであり、現実を見つめる責務を果たせない無能さだ。

楽観主義は、リーダーシップの大半の側面と同じように、他の手法と結びついたときにしか役に立たない。

現実を直視し、自分自身の能力と短所、そして成功する見込みを分析し、確かな作業計画を立てて初めて、楽観主義はあなたをトップへ押し上げるもう1つの道具となるのである。

ステップ③部下の能力を見極め適所に配置する

部下が力を発揮できないのは、あなたが彼らに力を発揮させていないからだ。

事実、経営者の多くは、従業員を、彼らの才能を生かすことができない部署に置き続けることによって、彼らの効率よく生産的な結果を生む能力を制限してしまっている。

ここで「能力」という言葉が指しているものは、技術ではない。能力は学んで修得できるたぐいのものではない。能力とは、個人の特質や存在の仕方なのだ。曖昧で、質的で、時には手がかりさえつかめないものだ。そのためテストの点数や履歴書にも表れない。

しかし、あなたが部下の「得意」なもの、コンピュータや自動車修理、おもしろい世間話などに注目すれば、そこにある彼らの「能力」に触れることができるだろう。なぜなら、ある程度の技術なら訓練で習得できるが、熟練するためには、能力を構成する個性や経験、素質といったものが必要だからだ。

ＦＤＮＹには、私たちが求めている多くの能力が揃っている。しかしもっとも大切なのは、仕事に夢中になる能力だ。

「仕事に夢中になる」とは、心構えであり、強い気持ちであり、仕事への取り組み方である。仕事に夢中になれる人は、仕事に没頭し、いつも最新の道具や作戦で経験を積もうとする。クイーンズ地区で第2アラームの火災だと聞けば、たとえブロンクスにいても無線スイッチを入れて、そこから作戦に従おうとするだろう。優れた消防士に共通しているのはこの能力だ。これは誰かに教わることはできない。こうした実体のない能力こそ、私たちが面接の最中に見つけなければならない能力の1つなのだ。

あなたは部下に録画機のプログラムの仕方や予算の立て方など、仕事の仕方を教えることはできる。しかし、よい人間関係を結ぶ方法や、直感で理論を飛び越える方法、何かに「精通する」方法を教えることはできない。なぜならそれは、技術ではなく能力だからだ。そもそも持ち合わせていない能力を発達させようとするのは、部下の失敗のお膳立てをしているようなものだ。

だから、ない能力を身につけさせようと指導するのではなく、部下がもともと持っている能力を生かせるように手助けし、弱点をかわす方法を教えることが必要なのだ。

ステップ④部下を信用し、実行の権限を与える

適切な部下を選び、能力を発揮できる部署に配置するだけでは不十分だ。

部下が能力を発揮できる環境を整えたら、次にあなたに求められるのは、部下に自由を与えることだ。求められる結果を達成するために、自分の能力をどう使うかを決める自由である。あなたは部下に考える機会を与え、自分なりのやり方で成功するように仕向けなければならない。

部下に権限を与えることは、ＦＤＮＹではよくある。私たちは指揮統制を敷いているが、部下が仕事を成し遂げることを信じていなかったら、これほど高い効率性を維持することはできなかっただろう。緊急事態では、細部にわたる指示を出している時間などないからだ。

崩れた建物の中に閉じ込められている人がいるかもしれないし、他のビルに炎が移るかもしれない。有毒ガスや危険な化学物質もあるかもしれない。何より、リーダーには、24人から１００人もの隊員の配置を考え監督する責任があるのだ。誰にホースのノズルを持たせるか迷ったあげくに「『あちら』を狙って放水してくれ」とか、はしご隊に向かって「『この』窓を最初に割れ」などと言っている暇はないのだ。

とはいえ、部下の仕事の仕方を多少管理したくなるあなたの気持ちもわかる。だが、部下に特別な手法に従うことを強いたら、最良の結果ではなく予想できる範囲内の結果しか得られないだろう。部下にこういう方法で仕事をしろと命ずると、部下に任せたときに生まれる飛躍や革新、

価値のある簡単な方法を窒息死させてしまうのだ。

彼らに何から何までやり方を指図すると、彼らはあなたが自分たちの能力を信頼していないと受け取る。「君が仕事を成し遂げられるとは思っていない」と上司に言われることは、部下にとっては屈辱的だ。部下が自分なりのやり方で仕事をする機会を奪うということは、彼らの熱意と率先力も吸い上げてしまうことになるのだ。

それに、あなたが仕事のやり方を指図すると、部下は些細なことまでいちいちあなたの指示を仰ぎに来るようになるだろう。そして結局は「あなたの」計画に従うことになるので、彼ら自身の率先力は無駄になる。つまり、部下を愚かで無能な働き蜂のように扱うということは、彼らの能力を封じ、落ちぶれる以外の選択肢を無くすということなのだ。

部下に先頭を切って進むチャンスを与えよう。同時に、必要なときには手助けし、あなたが常に支援していることも知らせよう。

「君はとても優秀だから、私は君の成功を疑っていないよ」ということを、態度で示すのだ。あなたが部下を信用しているということを、部下に知らしめれば、彼らはあなたの期待に応え、能力への信頼が正しいことを示そうと、2倍懸命に働くだろう。

ステップ⑤フィードバックを与える

フィードバックには、部下の努力を批評することと、業績を評価することの両方が含まれる。

あなたが彼らの努力と業績の両方を客観的に分析・評価することによって、彼らは自分の仕事ぶりがどんなものか知り、向上と発展の機会とする。

しかしリーダーの中には、この役割を果したがらない者もいる。なぜなら、フィードバックを価値あるものにするためには、彼らの仕事ぶりについて部下と交わすあらゆる議論が、正直でなければならないからだ。つまり、彼らの弱点や失敗、不十分な点など、部下にとって不快なことも言わなければならないということだ。

部下の仕事ぶりについて彼らと率直な議論を交わすことを避けるリーダーは、部下の感情を傷つけることを恐れているのではない。部下の能力向上の責任は自分にあるという事実を認めたくないだけだ。

しかし、フィードバックだけでは向上を生む刺激としては不十分だ。あなたは部下に不足している点を説明するのと同時に、弱点を克服するための具体的な計画も提示しなければならない。

誰でも批判されれば、うろたえ傷つく。でもこれは別な見方をすれば、指導を素直に受け入れやすくなるということでもある。だからフィードバックとともに前向きな行動計画を提示すると、部下の失望を生産的なエネルギーに変えることができる。

部下の弱点に関する誠実なフィードバックを与えられないリーダーと同じぐらい最悪なのが、賞賛や評価を与えられないリーダーだ。このリーダーは、褒めるのは部下を甘やかすことになると考えているか、部下は給料のためにするべきことをしているにすぎないのだから、褒める必要はないと考えているのだろう。しかし、すでに見てきたように、部下は自分の貢献が認められ評価されることを切望しているのだ。

私は、消火作業が終わると毎回、隊員の努力を認め、その勤勉さを評価していることを伝える。きわめてすばらしい仕事をしたと思ったときは、消防局から正式にそれを評価するように要望することも忘れない。

評価と賞賛は、部下を動機づけするのにもっとも効果があり、それでいてもっともコストがかからない方法だ。

リーダーであるあなたの意見が部下にどれほどの影響を与えるか、忘れないでほしい。

ステップ⑥部下の成長を助ける

ＦＤＮＹでは、隊員の成長と向上を助ける新しい方法を見つけること、つまり「向上の責務」が常に求められてきた。だからリーダーは毎日、前日よりもうまく仕事をこなそうと集中しなければならない。継続的な成長は、仕事のレベルを高く保つカギとなる。

ある意味で実行の究極の要素は、いまだに明確にされていない目標を達成できるよう、部下に準備させることだ。つまり未来に備えさせるということである。リーダーにとってこれは部下を向上させ、確実に新しい訓練や機会に接することができるよう集中させることを意味する。

今日の世界で唯一確実なのは、経営環境がより激しい競争にさらされ、経営がますます厳しく難しくなるということだ。自己満足は、長期的向上の真の敵だ。部下に未来の備えができていないのなら、組織にもできていないということである。そして、成長と発展の最高のチャンスは、常に教室の外で起こる。

ちなみに、私が関わったもっとも興味深く、そして私自身の向上にもっとも有意義だった特別プロジェクトは、新たな訓練課程を考えて練り上げるというものだった。

当時中隊長だった私にとって、これはすばらしいチャンスとなった。私は少数の指揮官を集めてプロジェクトチームを作り、協力しあって1から訓練課程を作り上げた。それまで自分が消防士として学んできたこと、そして指揮官として学んできたこと、その両方を誰もが吸収して利用できる資料に変貌させる過程は、後に私が隊の指揮官の任務に戻ったときにより効果的に指導する助けとなった。

このプロジェクトのおかげで私は、自分の能力を新たな分野で発揮できたとともに、なじみのない難しい任務を修得した達成感と誇りをも感じることができた。自分自身が向上できただけではなく、すっかり慣れた仕事の異なる面を見ることができたのである。その結果、私の意欲はかき立てられ、成長を手助けされた。自分の任務に改めて発奮し、動機づけされて戻ることができたのだ。

リーダーは、部下が最先端の技術や難問に取り組めるような新しい事業計画や地位を考案する必要がある。組織のために新たなチャンスを探し、従業員が組織のほかの部署や分野に異動できるようにし、異なる手段で能力向上が求められる新たな役割を与えるのだ。部下の役割を順に変えたり異動させたりすれば、組織にも仕事を成し遂げる新たな方法が広まるだろう。

変化に敏感になる

部下が個人の責務を果たし、実行の原動力となるために、リーダーが歩むべき「6つのステップ」を述べてきた。部下が自分の実績に責任を持つようになれば、あなたはリーダーとしてすばらしいことを達成できるだろう。

ここからは、そうした聡明なリーダーが、さらに業績を上げるために行っていること、つまり「革新と変化」の利用法について述べよう。

リーダーは、革新も変化も効果的に利用できなければならない。なぜなら、革新は力強い成長の原動力となり、変化は組織の存続に欠かせないものだからである。

変化を生き延びるために革新が必要なときもあれば、革新が変化を促すこともある。「革新」と「変化」を互換性のある言葉として使う人もいるが、両者は同じ意味ではない。

革新とは選択、つまりあなたがしようと選ぶことである。つまり、満たされていない欲求や顧客の新たな価値の定義といったものにいかに応えるかということである。革新が起こるのは、既存の方法に欠点があるからで、既存の方法に改良の余地があるなら、革新のチャンスがあるということだ。

一方、変化とは、環境内で起こったことに対する反応、つまり強制的に行われるものだ。組織が変化を生き延びるためには、変化に対応し、新しいことを取り入れる必要がある。だから優秀なリーダーはみな、常に顧客のために価値を生み出す新たな方法を見つけようとしているのだ。

変化はすばらしい。変化は不安定な状態を生み出し、アイデア、人、組織間の関係をかき混ぜる。変化は以前あったものを奪い去り、革新のチャンスを生む。変化が起こるということは、新しいもの、より効果的で安全で簡単なものを生み出すチャンスが訪れたということなのだ。

変化の対語は安定である。物事が安定しているときは、革新のチャンスはほとんどない。すべてが明確に規定され、不確実なことも、新しい可能性も、満たされていない欲求もない。しかし、一見安定した状態でも、ごくわずかな変化を持ち込めば、そこからあらゆる種類のチャンスが広がっていく。変化とともに、革新を生み出す母体となるのが価値である。

完全に安定している状態というのは、じつは存在していない。満たされない欲求、つまり顧客が望む価値と、サービスを提供している組織の価値の間の溝は常に存在している。これは見方を変えれば、この不十分な点を見つけることができれば、顧客の要望に応える革新的な解決策を考案できるということだ。

変化か価値、あるいはその両方が革新を生むことがわかれば、革新の機が熟した分野を見分ける仕組みを作ることができる。

そのためには、まず変化に敏感になることが必要だ。関連分野の新たな情報を受け入れ、最新の業界の動向を見極め、競争から抜け出すための革新について考えるのだ。最初は、新しいアイデアが使えるかどうかといったことを考える必要はない。とにかくアイデアをすべて書き留め「革新ファイル」を作ったり、ひらめきの元になった新聞や雑誌の記事をファイリングしたりしながら、革新のチャンスという視点で世界を見る訓練をするといいだろう。

まずは、どうして決まり切ったやり方で仕事をしているのか、なぜ決まり切った戦術や手法ばかり使っているのかと疑問を持つことが大切なのだ。

顧客と組織の価値の間にある溝を発見するためには、できるだけ顧客のそばにいることだ。営業電話をかけたり、顧客の声を聞くためにフォーカスグループを利用したり、直接顧客と接する機会がなければ、毎日顧客と仕事をしている現場の部下の話に耳を傾けよう。

作家デーモン・ナイトはどこからアイデアが生まれるのかと聞かれて、「どこからでも。『いつでも』探していれば、探しているものが何であれ見つかる」と答えている。革新は、革新を探し始めることによって見つかるということだ。

どうやって変化を導入すべきか

変化の必要性を理解し、その手順に着手し、うまく実行するには、並々ならぬリーダーシップが必要だ。なぜなら、人は些末な変化にも激しく抵抗するからだ。

大半の人は安定を求めているので、手慣れたやり方を脅かすもの、新しい方法で考えたり行動したりすることを強いるものはいつも抵抗を受ける。そうならないためには、リーダーが部下に革新を「やらなければならない」仕事ではなく、「必要がある」仕事だと思わせることが重要だ。

リーダーが革新的な手法を導入するのに苦労するおもな理由は、部下が抵抗するからではなく、リーダーが変化の行程管理をうまくできないことにある。確かに部下はさまざまなことに抵抗するかもしれないが、リーダーが正しく指導すればちゃんと従うものだ。

変化が必要だと決断したら、部下に変化の必要性を納得させ、その実行の当事者にしなければならない。しかし、たいていの場合、リーダーが部下に変化の必要性を話すときには、変化自体はすでに決定されている。そのため部下は、変化を強制的に押しつけられた罰のように感じてしまう。問題を悪化させているのは、この手の一方的なやり方が、部下に自分は無能だと感じさせているという点だ。

大切なのは、部下に自分も変化の過程の一部だと思わせるようなアプローチ方法をとることだ。その成功例として、第3特別救助隊指揮官の1人、マーティー・マクティーグ小隊長の手法を紹介しよう。

彼はいつも、ずだ袋のような物を持って出動していた。中にはホースの端に先細りのとがった金属製の腕が2本、ウサギの耳のように固定されている水圧ポンプが入っていた。火災などの緊急事態にドアをこじ開けるのに使う、水圧式の強行進入道具で、後に「ラビットツール」と呼ばれるようになるのだが、このときはまだ小隊長が見つけた風変わりな新しい道具にすぎなかった。

当時、ドアをこじ開けるのには、斧やハリガンツール（FDNYの消防士が考案した多目的ツール）が使われ、ほとんどの隊員は、そこに不満を感じてはいなかった。そのため隊員たちの最初の反応は「何のために？」という冷ややかなものだった。しかしマクティーグ小隊長は、穏やかに「ごちゃごちゃ言わずに装備に加えるんだ。チャンスがあれば、取りだして試してみようじゃないか。そうすれば役に立つかどうかわかるだろう」と言った。

しかし、それが火災現場で使われる機会はなかなか訪れなかった。というのも、なぜか毎回、現場へ向かう途中にラビットツールが装備から外れて消防車の床に落ちてしまうため、現場に持ち込まれることがなかったからだ。それでもマクティーグ小隊長は、本部に戻ると再びラビットツールを装備に戻した。

こんなことが何週間も続き、ついにラビットツールは現場に持ち込まれた。それは偶然にもこじ開けなければならない扉がじつに多い現場だった。そこで隊員の1人がそれをつかみ、使った。すると信じられないほどうまくいった。しかも、斧やハリガンツールを使ったときのように隊員がケガをすることもなかった。

もうおわかりだろうが、それまでドアをこじ開けてきた方法には問題が「あった」のだ。ラビットツールの噂はすぐに広まり、人気の的になった。今ではＦＤＮＹのすべてのはしご車にラビットツールが装備されている。

マクティーグ小隊長は、決してラビットツールを使うよう強制しなかった。押しつけるのではなく、部下を一人前として扱い、必要な情報を与えて部下自身に「革新的な手法」を評価させたのだ。そうすることによって彼は、暗黙のうちに部下を当事者にしたのである。

陰のリーダーの存在

本書ではここまで、有益かつ劇的な例を示すことで、隊員を燃えさかるビルの中へ飛び込ませたり、極限状態で救助活動を行わせたりするときに使う手法が、どんな組織でも結果を出すことを示そうとしてきた。

しかし、じつは大半のリーダーシップは、緊急時ではなく平時に、しかもとてもひっそりと発揮されている。たとえば、隊員1人ひとりと面談したり、プロービーを指導したり、新しい指揮官の初めての出動を支援したり。つまり、リーダーにとってもっとも重要な仕事は、緊急時ではなく平時にあるということだ。

だが、ＦＤＮＹでそうしたことができるのは、どの階級でもリーダーシップを育てようという組織としての熱心な取り組みがあったからこそだ。

成功する組織はすべて、分厚いリーダーの層の上に築かれている。

私が最初に小隊長になり、第3特別救助隊から第18はしご隊に異動したとき、私の消防士としての経験は7年半しかなく、私が指示を出すべき隊員たちよりもはるかに経験が浅かった。しかし、隊員たちは私に信頼と尊敬を与えてくれた。

これは1つには、例の透明性の高い試験のおかげだったが、それよりもはるかに大きかったのは、第18はしご隊の中のベテラン隊員が鞭打つ者、つまり陰のリーダーとなって私を支えてくれたおかげだった。

「鞭打つ者」というのは、消防車が馬に引かれて通りを疾走していた時代に、もっとも年上の経験のある隊員が鞭を持つ役目を担っていたことに由来する言葉で、陰のリーダーを意味している。陰のリーダーは、当然だが公式な地位ではない。しかし真の権威と重要性という意味では、陰のリーダーは陸軍の一等曹長や海軍の特務兵曹にも匹敵する。

こうした非公式なリーダーが、ＦＤＮＹの大黒柱なのだ。消防署を仕切っているのはじつは古参の隊員で、指揮官は彼らの深い慈悲のおかげでそこで働かせてもらっている、とさえ言われているほどだ。

こうした古参の隊員は、自分たちの署だけでなく、消防局全体の習慣と規律を支えている。彼らが消防署を動かしているのだ。彼らは装備の保守点検がされているか、各人が十分に役割を果たしているか目を光らせている。そのため私のオフィスまで個人的問題が持ち込まれることは滅多にない。私のところに来る前に、陰のリーダーがとても上手に部下を扱い問題を解決してくれているのだ。

しかも彼らは、恐怖や強迫によってこれを成し遂げているわけではない。やらなければならないからそうしているのでもない。彼らは組織の成功に対し責任を感じているから、そうしているのだ。

リーダーを支える組織

消防士は誰しも、陰のリーダーに支えられた経験を持っている。

第40ポンプ隊所属のレイ・ファイファーは、初めての現場で古参隊員がいかに自分を気遣ってくれたか、今も忘れられないと言う。

初めての現場でファイファーはホースのノズルを担当した。それは経験豊富な隊員にとっても非常にきつい任務だった。彼は炎に包まれた壁が自分に向かって倒れてくるような気がしてとても不安で、どうしたらいいかわからなかった。

しかしそのとき、信じられないほど力強い腕が後ろから伸びてきた。古参のブルース・ゲイリーが彼を抱えるようにして前へ進み始めたのだ。ゲイリーはファイファーをしっかりと支え、炎へ向かって進ませ、長い水流を炎の前で振り動かした。ゲイリーはファイファーの不安やパニックを拭い去り、自分のすべきことを思い出させたのだ。

炎を消し止めた後、ファイファーが振り向いて礼を述べると、ゲイリーは微笑んで「よくやったな。FDNYへようこそ」と言った。

私も第11はしご隊で仕事を始めたとき、陰のリーダーであるリチー・バルトから、途方もなく大きな好影響を受けた。彼は常に私をテストし、能力と弱点を調べ、どうすれば私が成長する手助けをできるか、常に考えてくれたのだ。彼は、出動前に電動のこぎりの準備を忘れるなとか、煙が充満した部屋で出口を見失わないように注意しろというふうに、私が正しいことができるようにいつも念を押した。私は彼を信頼し、次の出動がリチーと一緒だとわかると安心できた。

7年半後、新米小隊長として数ブロック先の第18はしご隊に配属された私は、いまなお署の陰のリーダーに頼り、手助けと助言を請うていることに気づいた。私は彼らの指揮官で、彼らは私の指示に従い私を「隊長」と呼ぶ。しかし私を支え、若き指揮官として成功するよう助けてくれたのは、彼らだったのだ。

彼らは私が第18はしご隊の特別な文化を理解できるように、手助けしてくれた。個人的問題に私が介入するのはどの時点か、どの時点までは隊員が自分たちで解決するかを教えてくれた。何年にもわたる消防署と火災現場の経験で得たことを教えてくれたり、署の官僚制を操縦する手助けをしてくれたりもした。

誰も彼らにそうしろとは言わなかったが、彼らは私を支援することは任務だと思っていた。それはFDNYのリーダーシップの文化が長い年月を経て隊員のプロ意識となり、彼らに浸透していたからだ。もちろん、彼らがそういう規準を吸収したのも、彼らを指導した陰のリーダーのおかげである。

同じことがあなたの組織で起こることを、あなたは想像できるだろうか？

新しいリーダーがやって来たときに、そこにはすでにリーダーシップのネットワークが存在し、しかもそれが自分の成功を支え、手助けしてくれるのだ。これほどすばらしいことがあるだろうか？

私がリーダーの第3の責務として、リーダー育成のシステムを開発することを述べてきたのはこのためなのだ。

理想的なリーダー像

組織のすべての事業を支えるのは、リーダーだ。彼らは新しい率先力を組織内に循環させ、実行を促し、革新のチャンスを知らせ、現実を発見し、地位が高すぎて現場の視点を忘れがちな上司へ情報を送りこむ。

しかしリーダーを育成することは、なま易しいことではない。

では、どうすればいいのか？

ここで思い出してほしいのは、リーダーシップとは肩書や職務、役職の特典とは何の関係もないということだ。私たちの定義では、他人とともに組織の目標を達成するために働く人はみなリーダーなのだ。

顧客サービス係が新たに人を雇って顧客サービスについて教えれば、その人はリーダーだ。同様に、出荷係が同僚をまとめて注文処理過程を効率化したら、その人はリーダーだ。隊員を集めて新しい訓練場を署の地下に作った古参の消防隊員もリーダーだ。

あらゆる組織の中で、こうした何千人もの目立たない非公式のリーダーが、「長」とつく肩書も手当もなしに仕事を推し進めているのである。

リーダーを育てるというのは、特別な資質や心構えを育てることである。そのため、リーダーを育てようとする場合、あなたはまずリーダーシップにとって必要だと感じられる資質を見極める必要がある。つまり、もっとも見込みのあるリーダー候補者を選ぶことだ。

優れたリーダーシップを支える能力を見極めるもっとも有効な方法は、優れたリーダーを研究することだ。共に働いたリーダーや本や講演会で出会った優れたリーダーを研究しよう。ちなみに、私にとっての理想的なリーダーとは以下のような能力を持った人である。

・組織の使命を深く理解している。

・人を指導することに真の情熱を持っている。
・自己満足以上のことに駆り立てられている。
・やる気があり、厳しく困難な仕事に取り組むことができる。
・新しいことを学び受け入れようとする。

こうした能力を下地として持っていれば、たいていの場合、その人が持っていない技術を修得したり弱点を克服したりすることができる。だが、このリーダーシップの資質リストが完璧だと言うつもりはない。あなた自身のリストがこれとはまったく異なる場合もあるだろう。もしルールを設けるなら、生まれながらの能力（得意なこと）を技術や経験よりも重視すべきということだけだ。

未来のリーダーが、有能な人材に見えないこともあるかもしれない。それは、能力が弱点として現れ、場合によっては周囲の腹立ちの種になることもあるからだ。

最近次のようなことがあった。若い指揮官が隊員のことで私に助言を求めてきたのだ。その隊員は常に指揮官のやり方にたてつき、正式な職務規程の範囲を超えた仕事にまで首をつっこもうとしたという。こういう状況における共通の解決策はない。その隊員を懲らしめ、ボスは誰か、ボスが何を期待しているかみっちり教えるというのも1つの解決策だ。指揮官はあなたなのだから、これがその権威を認めない者に対する道理にかなった対処法であることは疑いようがない。

だが、この手法の問題点は、根本的には何も解決していないということだ。たいていの場合、こういった問題を起こす連中には、任務や仕事が合わないという別な問題があるものなのだ。そうした問題を無視して、常に頭ごなしに叱責してしまうと、部下を鍛えあげるという、他のリーダーシップのより重要な側面を無視することになる。

ではどうすればいいのか。

私が考えたもう1つの方法は、彼の行動を観察し、「見落としている能力はないか？」「この人物の情熱やアイデアやエネルギーをなんとか生産的な仕事に向けられないか？」と、自問することだった。もしも彼が、自分は組織に貢献できると本気で考えているなら、貢献のチャンスを与えたほうがいいからだ。

そのときは彼を呼び出して「君は本当に熱心で、エネルギーやアイデアがあふれているようだ。助けが必要な仕事があるから、手伝ってくれないか？」と言うのだ。あなたは指揮官なのだから、「手伝ってくれないか」と言われて断る人はいない。こうしてあなたの申し入れを受け入れてしまえば、しめたものだ。彼はあなたのために役立ってくれるだろう。

将来のリーダー候補を探す

部下の潜在的なリーダーシップを査定してみると、人を指導するのに必要なものを兼ね備えている部下がそれとは無関係な部署に置かれていることに気づくだろう。

たとえば、自分の任務を果たすのに他人に頼る必要のない人は、リーダーシップを発揮する機会はほとんどない。しかし彼にはあなたが探している資質すべてが揃っているかもしれない。ではそうした場合、どうすればその人が潜在能力を実際のリーダーシップに変える力があるかどうか見極められるだろう?

多くの組織では、管理職に昇進させ、体当たりで学ばせることでリーダーシップを伸ばそうとするが、このやり方はリスクが大きすぎる。その人物が挫折したら、部下の信頼を無くすうえ、その人を降格させることもできず苦しむことになるからだ。

昇進という方法を採らなくても、あなたは部下を成長させることができる。一時的にリーダーシップを発揮させるために、企画の先頭を切らせたり、新しい計画のリーダーに据えたり、特別な役割を担うグループの指導をさせたりすればいいのだ。そのとき結果に責任を持たせることも忘れてはいけない。

そして、常に気に留めて定期的に顔を合わせ、進捗状況を話しあうようにしよう。避けられない過ちの場合は非難せず、過ちを指導のチャンスにするのだ。この方法なら、一時的な任務が終われば、正規の仕事に戻るので、その人のリーダーシップの資質を一か八かの決断に追い込むことなく査定できる。

これは部下を成長させ新しい難問に取り組ませるすばらしい方法だと信じているが、気をつけなければいけない点がいくつかある。

まず、企画を立ち上げるときは、リーダー候補者が指導の権限を与えられたことをグループに明らかにすることである。その権限で何を成し遂げるかは候補者次第だが、少なくとも誰が責任者かをグループのメンバーに明らかにしなければ、決してうまくいかないからだ。

もう1つは、候補者がチャンスに見合うだけの人物か確認することである。能力があるかどうかもわからないのに、いきなり重責を負わせてはいけない。個人の経験や技術のレベルに比して重すぎる企画や主導権は、候補者の自信を砕き成長を数年前に戻してしまう。少なくとも最初は候補者の経験の範囲内の企画を選び、成功しても失敗しても大きな影響がないものにしよう。

リーダー候補を育てる

リーダーを育てるもう1つの手段は指導することだ。指導は既存のマネージメント論の中では賛否両論があり、私は完全に否定している本も数冊読んだ。しかしFDNYでは将来有望なリーダーにその地位の準備をさせるという意味で、指導はとても効果がある方法だと考えられている。

ここで明らかにしておく必要があるのが、指導とは何か、ということだ。「指導」という言葉自体はしばしば使われるものなので誰もがその意味をわかっていると思うが、実際には正確に定義できる人はほとんどいない。

「指導」とは、FDNYの定義では単に教えることであり、透明性のことである。つまり、「指導する」ことは「教える」ことと同じなのだ。

FDNYでは、常に公式、非公式の指導を行っている。公式の指導は、中隊長に対し、大隊長以上のチーフクラスの指揮官にふさわしいかテストしたり評価したりする過程で行われる。チーフクラスの指揮官は、小隊長レベルのリーダーとは比べものにならないほど多くの責任を負わなければならない。大局に立ち、現在していることにそれがどう影響するか把握する必要もある。決断はより重みを増し、裁量で利用できる諸資材もはるかに増える。チーフクラスの指揮官は、それらを効果的に使いこなす方法を学ばなければならないのだ。他にもより複雑な使命のもと、数多くのリーダーシップ手法が求められる。

FDNYに指揮官をさまざまな大隊長の下につかせる公式のプログラムがあるのはこのためだ。その中で、彼らは異なるリーダーシップの流儀を持つ人から学ぶチャンスを得ているのだ。

これに対し、隊員が小隊長になったり、小隊長が中隊長になったりする場合の公式の指導プログラムは存在しない。

小隊長・中隊長レベルのリーダーも、仕事環境や将来設計、部下の育成など、すべてに対する目配りが必要だが、その範囲は自分の小隊や消防署に限られる。このレベルのものに関しては、私たちは普段から教え、指導することを奨励しているので、改めて特別な指導をする必要はない。部下の指導者としての役割を果たしていない小隊長などいないからだ。

こうしたことは、仕事に就いたときの指導者にたたきこまれ、すでに私たちの体の一部になっているので、指導者の役割を果たしている瞬間もとくに意識はしていないほどだ。私たちは普段から価値ある技術や知識を継承したり、プロービーにＦＤＮＹの独特な文化を手ほどきしたり、自分の能力を高めたり、強い絆を築いたりすること、つまり指導を自然なこととして受け入れているのである。

潜在的才能をどう査定するか

あらゆるレベルのリーダーを育てる理由は、それによって「リーダーシップ・パイプライン（リーダーの補給線）」の土台ができるからである。

今日の組織が直面している最大の問題は、組織内で育てた才能が不足していることだ。そして、ＦＤＮＹの最大の強みは、このリーダーシップ・パイプラインがあることなのだ。

ＦＤＮＹのリーダーはみな、階級を順に昇ってきた者たちだ。そのためみな組織の文化を熟知しており、文化の継承が途切れることはない。これは組織内のリーダーシップ・パイプラインを築くうえでもっとも重要なポイントでもある。なぜなら、これによって、組織の個性と使命を理解し、それゆえにいずれはトップマネージメントの役割を担うことになるリーダーに、組織が接触するチャンスができるからである。

しかしリーダーシップ・パイプラインは、意図がよければ必ず生まれるというものではない。部下を評価し、潜在的リーダーを見極めて育成し、組織内のより高い地位の適性を査定するという、秩序だったアプローチの結果として生まれるものだからである。

ここで私自身が潜在的リーダーを査定するために使っている指針を紹介しよう。

①人物ファイルを作る

部下との交流や観察によって集めた情報は、潜在的なリーダーシップを評価する助けになる。有力候補を見つけたと思ったら、その人物に関するメモをファイルしよう。

ファイルには各候補者の成功や失敗のカギを記録し、同時に能力や弱点の例も保存しておけば検討する際に参考になるし、候補者各人の必要性に合わせたリーダー育成プランを考案する際の助けにもなる。

ファイルを作るというと、面倒に思うかもしれないが、そうたいした手間ではない。実際、私が「リーダー育成プラン」の参考にしているのは、メモ用紙に殴り書きした数行の書き付けにすぎない。たとえば、彼はコミュニケーション能力を育てる必要があるとか、彼女は指導力を高める必要があるといった程度のものだ。

このメモに導いてもらって、毎年リーダーシップを執る機会を2つから4つ、候補者が向上する必要がある技術や手腕、能力と関係のある機会を与えればいいのだ。

②陰のリーダーの意見を聞く

リーダー候補者を査定するもう1つの方法は、候補者と、いずれ一緒に仕事をすることになるリーダーたちを議論させ、彼らの意見を聞くことだ。どんな状況でもそうだが、自分自身の弱点を補うためには他人の視点が必要だ。

あなたが相談すべきもっとも重要な人物は、陰のリーダーである。

私が第48ポンプ隊の中隊長になったとき、そこで真っ先にしたことは、陰のリーダーを探すことだった。私はこれを自分が教えている未来の中隊長や小隊長、そして友人にも勧めている。

陰のリーダーたちは、いつもすばらしい知識や洞察を提供してくれる。彼らは隊のあらゆることと、隊員のあらゆることを知っている。最後まで現場に残ったのは誰か、いつ現場を離れたか、どんなこともすべて知っている。過去に何を試みたか、何がうまくいき何がうまくいかなかったか、なぜそうなったのかということも知っているのだ。

誠実こそリーダーの資質

今すぐ本を置いてこれら一連の手法を試してみても、実際にはすぐにはうまくいかないかもしれない。なぜなら、ＦＤＮＹのように新人にリーダーシップの精神を植えつけることを確約している組織は多くないからだ。その理由は組織によって異なるが、悪意や無知が関係していることはほとんどない。おそらく多忙な日常業務に忙殺されて、リーダーシップ育成に集中することが後回しにされているのだろう。

しかし、もし組織がリーダーシップ育成をおろそかにしているのなら、そのたるみを締めるのはあなたの仕事だ。組織がまだ陰のリーダーのネットワークを持っていないなら、それを作るのはあなたの仕事だ。

実社会では、部下の潜在的なリーダーシップを見つけるには何年もかかるだろう。だが、何ヵ月も何年もかけて育成すれば、必ずネットワークを作り出すことができる。

手始めに誰かをあなたの頼りになる右腕に指名しよう。理想的な陰のリーダーを右腕にすることだ。陰のリーダーは、経験があり、周囲の尊敬を集めていて、あなたと組織に忠誠心のある人物だ。彼らのリーダーシップの流儀と視点が、あなた自身の流儀と視点を補ってくれるだろう。

このとき、自分自身と同じ視点を持つ右腕を選びたい誘惑に駆られるかもしれないが、間違っても太鼓持ちやイエスマンを選んではいけない。彼らは陰のリーダーではない。

皮肉なことに、陰のリーダーは、しばしば組織に過小評価され、厄介者というレッテルを貼られていることが多い。なぜなら、陰のリーダーは、組織のために行動しているにもかかわらず、彼らのアイデアや革新が現状を混乱させ厄介な問題を引き起こすと解釈されてしまうからだ。

だが彼の能力があなたの弱点を補い、彼の視点があなたのとは異なっていたら、そのときこそ彼がもっとも役に立ってくれると気づくだろう。

こういったことを考慮すると、陰のリーダーに求めるべきもっとも重要な資質は、誠実さだということがわかる。たとえそれがあなた自身の見方に反する内容であったとしても、いつでも率直な意見を言う陰のリーダーを探そう。

リーダーを組織内で育成することは、一朝一夕でできることではない。だがあなた自身が非公式なリーダーのネットワーク、つまり組織の宇宙の中であなたを助けてくれる陰のリーダーの一団を作ることはできる。そのためにはリーダーを支える価値体系と文化を作ることが必要なので、組織のトップ幹部の支えが得られることが望ましい。組織内でリーダーを育てる場合には、非公式のリーダーを中傷から守ることが必要だからだ。あなたは彼らのアイデアを擁護し、組織の人間の安穏な利己主義と衝突しそうなときは支援しなければならない。

時間も労力もかかる大変な仕事だが、ひとたび彼らが一員になれば、あなたはリーダーシップをすべてのレベルで育てる環境を作ることができるのだ。

FDNYのリーダーシップ哲学

私はニューヨークの北側のこぢんまりとした町に住んでいる。ブルーミング・グルーブ。多くの隊員が住んでいるので、町には9・11の衝撃と痛みがことさら深く刻まれることになった。

町は、救助活動中に命を落とした隊員のために記念碑を建てることを決めた。私は計画と実行を監督する委員会の一員になった。記念碑は2002年夏に完成し、除幕式の直後、友人と私は、その日にどんな予定があったとしても、必ずその前で会うことを約束した。

その日は明るく、8月にしては過ごしやすく、夏の数少ない雨が降る心配もなさそうだった。私たちは記念碑の凹みに座っていた。消防士ではない友人は、なぜ記念碑に名前を刻まれている隊員の多くが指揮官なのか、なぜ小隊長や中隊長ではなく大隊長や副局長なのか、とたずねた。

私はそこに座って名前を見ながら、友人の質問への答えを考えていたとき、「真っ先に飛び込み、最後まで残れ」という一言が、FDNYのリーダーシップ哲学をいかに完璧に要約しているか理解した。それは私たちがすることすべての背景にある指針だった。

部下への愛と、最高のリーダーシップを部下に与える責務を語っていた。私たちがこの仕事の使命と部下をいかに高く評価しているかを語っていた。私たちは部下の後ろに立ったり、自分を彼らの上に置いたりしない。私たちは前線に出て行く。誰もが私たちを見られる場所へ。

友人は答えを待っていた。

私は、FDNYでは指揮官が部下を率いて闘いに臨み、彼らとともに闘うからだと説明した。**私たちは、去るときは全員一緒だ。そうでなければ誰も去らない。**

そして亡くなってなお、私たちの名前は部下とともにある。何があっても部下とともにある献身を、永遠に讃えられながら。

第10章　部下に任せる（道幸）

この第9章は、全体のまとめです。中でも、「6つのステップ」は、とてもコンパクトにまとめられていますが、本書の「コア・エッセンス」と言ってもいい重要な部分ですので、少し詳しく見ていきたいと思います。

ステップ①**明確な期待を設定する**では、部下に何を期待しているのかを、はっきりとした「数値」で示すこと。またその数値は部下にとって「ストレッチゴール」となるようなものが望ましいとサルカは言っています。

ここでまず知っておいていただきたいのは、リーダーの部下への期待は、部下からすると「ノルマ」として受け取られるということです。ノルマは、第2章でも触れたように、ほとんどの場合マイナス感情を伴います。マイナスの感情からよい結果は生まれません。

ですからリーダーは、自らの期待を、単なるノルマではなく、部下がその達成に、喜びややりがい、ワクワク感といったものを感じてもらえるようにすることが必要です。私はこれを**プラスのノルマ**と呼んでいます。

サルカは、スタッフ1人ひとりのレベルに合わせたストレッチゴールを設定することが、この問題の解決策となると言っています。確かに、彼の言うように、期待数値を部署やチームで一律に設定するのではなく、個々人の能力に合わせて設定することはとても大切です。あと少し頑張れば手が届く、そう思えたとき、人は仕事に集中し、やりがいも感じるからです。

しかし、それだけでは、十分ではないと私は思っています。**プラスのノルマにはワクワク感が必要不可欠**だからです。

人がワクワク感を感じられるのは、自分の夢の達成に向かって進んでいると実感できるときです。ですから、ノルマをプラスのノルマに変えるには、リーダーはストレッチゴールを設定するとともに、部下の内面にある「願望」にフォーカスし、目標設定をすることが必要なのです。

自分の願望達成にストレッチゴールとして設定されたノルマの達成が役立つとわかれば、ワクワクした気持ちでノルマに取り組めるようになるからです。ここまでやって初めて、ノルマはプラスのノルマに変わります。

しかし、部下の願望を知り、目標設定するためには、まずリーダー自身が、自分の願望を知り、目標設定していなければなりません。これはマズローの欲求5段階説に当てはめると、自己実現の欲求の段階に当たります。つまり、リーダー自身が自己実現できていなければ、部下を自己実現に導くことはできないということです。

自己実現というと難しそうに感じるかもしれませんが、そんなことはありません。自己実現というのは、別の言い方をすれば、夢の実現に向かって生きるということです。自己実現を難しいと感じるのは、夢を実現させるのは難しいと思っているからです。

夢は、きちんとした目標設定をし、その通り着実に努力していけば、必ずかないます。

もし、目標設定したのに夢がかなわなかったという人がいたら、それは、目標設定の仕方が間違っていたのです。

そういう方のために、私自身も活用している目標設定スキルSMARTの法則をご紹介しましょう。これを用いると、目標達成の過程がクリアになるので、「夢は実現する」ことが確信できるようになります。

スキルを活用して願望を達成

SMARTの法則は、アメリカで願望達成のエキスパートとして絶大な支持を得ているブライアン・トレーシーが提唱している目標設定スキルで、SMARTという名は目標設定に必要不可欠な5つの要素の頭文字から来ています。

たとえば、ヨーロッパに旅行するという目標を持っていたとしましょう。まずSではその夢が実現した場合の具体的なイメージを作り出します。つまり、ヨーロッパのどこの都市に行くのか、その都市ではどこのホテルに泊まり、どこを観光するのかなどです。

次のMは、そのイメージに必要な数字をすべて出していきます。何日間滞在するのか、いくら

S	= Specific	具体的であること
M	= Measurable	計測可能であること
A	= Agreed upon	同意できていること
R	= Realistic	現実的であること
T	= Timely	期日が明確であること

SMARTの法則

のホテルに何泊するのか、観光するのにはいくらかかるのかなどです。

Aは、自分の心の深い部分を見つめて、自分が本当にその夢をかなえることに同意しているのか、この場合だったら、本当にヨーロッパに旅行に行きたいと思っているのか確認します。そして、Rでは、有給休暇を取ることは可能なのか、旅行費用はあるのかなど、この計画が実現可能なものか検討します。ここまですべてクリアしたら、最後にTで、いつまでに旅行に行くのか、期日を決めるのです。

このスキルは、旅行のような些細なことから、家を建てたり独立するといった個人的な目標、会社の日々の業務、大きなプロジェクトまで、ありとあらゆる目標の設定に用いることができます。

たとえば、ワタミの渡邉社長が、このスキルを使っているのかどうか知りませんが、お話を聞いていくと、彼の目標設定にも、やはりこの5つの要素がすべて盛り込まれていることがわかります。

渡邉社長の現在の目標は「売上1兆円」です。われわれにとっては、1兆円はあまりに大きすぎてストレッチゴールにはなりませんが、彼にとっては、「キツイけれど頑張ればなんとか達成できる」と確信できる数字だと言います。

なぜ目標の達成が確信できるのかというと、彼の中で売上1兆円を達成したときの会社の状態が、具体的にイメージできているからです。そこには、現在の売上1000億円をスタートに、グループ内のどの事業をどう展開して、いくらの売上に持っていくか、という数字も、実現可能なプランとして明確になっています。そのすべてに渡邉社長は同意し、期日も2020年と設定しているのです。ここまで揃っているのですから、彼の目標はきっと期日までに達成されることでしょう。

このようにリーダーが自己実現していると、部下が心の中では何を望んでいるのか見極めることも、どうすればそれをかなえることができるのかといった道筋も見えるようになります。あとは、その個人的目標と組織の目標を統合していけばいいのです。

リーダーは己の限界を認識すべし

部下の目標（ゴール）を設定する際、**リーダーは自分には限界があるということを認識しておく必要があります。**

人は、自分の経験でしかゴールを設定できません。ですから、部下の潜在能力がリーダーの能力より高かった場合、リーダーの設定したゴールでは収まりきらないことがあるのです。

銀行員だった私の父は、私が独立することにずっと反対していました。独立はリスクが大きすぎると思っていたのでしょう。私も今は父親なのでわかるのですが、親は自分の子のゴールを自分の能力に照らし合わせて考えてしまうのです。

私が自分の範疇《はんちゅう》には収まりきらないと父が認識したのは、私が独立し、本を出版したときでした。父にとって本はあくまでも読むものであって、書くものではなかったのです。それなのに私が本を出し、それが自分がよく行く書店の棚に平積みになっている。さらには、自分が愛読していたビジネス雑誌に息子が取り上げられている。そんな私の姿を見たときは、父はやっと「おまえなら独立してもやっていける」と、認めてくれたのです。

ストレッチゴールは1人ひとり違います。

私だって、もし部下に未来の稲盛和夫や渡邉美樹のような人材がいたら、その人に適したストレッチゴールは設定できないと思います。

リーダーはそうした可能性も考え、常に部下の様子と照らし合わせながら、本当にこれがふさわしいゴール設定なのか検討するという謙虚な姿勢が大切なのだと思います。

部下の潜在能力にもいろいろあるように、部下からすればいろいろなタイプのリーダーが存在します。

ある金融会社のトップを務めていたO氏は、部下がノルマを99％達成しても、1％足りないじゃないかと激怒しました。しかし、彼は同時に、たとえ1円でもノルマを超えていたときには、部下を大絶賛しました。

しかし、すべてのリーダーがこれほど達成率に厳しいわけではありません。高額納税者として有名な銀座まるかんの創業者・斎藤一人《ひとり》氏は、日頃から、「人間は完璧じゃない。目標の78％できたらハッピーだ」と言っています。

上司と部下、互いにいろいろなタイプ、能力があるのです。ですから「明確な期待値を示す」ときにもっとも大切なのは、そのことを理解したうえで、**共にワクワクできる目標を設定すること**だと私は思います。

ポジティブな気持ちは願望から

ステップ②で、**リーダーは常に、逆境下ではとくに、楽観的でいることが大切だ**と説いています。

サルカは**部下は常にあなたを見ている**と言っていますが、リーダーはこの言葉を強く心に刻みつけてほしいと思います。自分は見られていると意識するだけでも、感情のコントロールはしやすくなるからです。

人は誰しも、調子のいいとき、仕事がうまく進んでいるときは、楽観的でいることができます。

問題は、逆境のとき、トラブルが発生したときなど、スタッフの士気が低下するときです。部下は動揺し、マイナス思考が心に広がっていきます。しかし、そこでリーダーを見たとき、リーダーがいつもと変わらぬポジティブさを見せていれば、部下は自分の中からネガティブな思いを払拭することができます。

だからリーダーには常に「楽観的な姿勢」「ポジティブな思考」が求められるのです。

でも、リーダーも人間です。状況が悪ければ、マイナス要因は次々と心に浮かんできます。そういう中で自分の心をコントロールするためには、日頃からの鍛錬が必要です。

では、どうすれば逆境下においても、ポジティブでいられるようになるのでしょう。

世の中を知ることです。証券業界の相場格言に次のようなものがあります。

「大相場は悲観の中で生まれ、懐疑の中で育ち、楽観とともに成熟し、幸福感とともに消えていく」

この言葉は、多くの人がダメだと言うような悲観的な状況の中にこそ、大きなチャンスは存在しているということを教えてくれています。社会全体、業界全体など、大きな逆境の中でこそ力を持つ教えと言えるでしょう。

しかし、さらに揺るがない自分を作る方法があります。それは、どんなときにもポジティブに

働く力、つまり「願望の力」を身につけることです。

常に前向きな力というのは、願望の力しかありません。「自分はこうなりたい」という夢を持っている人が逆境を乗り越えていけるのは、この力があるためです。

彼らが逆境に耐えられるのは、**逆境を乗り越えた結果が明確にイメージできているから**です。この「理想の自分像」が明確であればあるほど願望の力は強く働きます。

理想の自分をイメージするためには、まず現実を直視し、自分自身の能力と短所を知り、そのうえで成功する見込みを分析することが必要です。きちんと自分を納得させるだけの材料がなければ、「頑張れば理想の自分になれる」ということに、自分が同意できないからです。SMARTの法則でも触れましたが、自分の考えに自分が同意することは、目的を達成するためには絶対に必要な要素の1つです。

自分の能力と短所を知る方法として、私が提唱しているのは、**自分のUSPを見つける**というものです。USPというのは、Unique Selling Proposition の略で、**その人ならではの強み**を意味します。

人には誰にでも得意なことと不得意なことがあります。たとえば私なら、コンサルタントやセールスは得意ですが、パソコンをいじったり、車を運転したりするのはまったくダメです。従来の考え方では、こうしたできない部分を訓練によって少しでもできるようにしていくことが「成長」することだとされていました。

しかし、私のUSP理論は違います。私の理論では、不得意なことは「無能の輪」と呼び、そこに含まれるものはすべて切り捨ててしまいます。そして、**「有能の輪」と呼ぶ、得意なことだけにフォーカスし、徹底的にその部分の能力を伸ばしていく**のです。

この方法だと、もともと得意なことをするのですから、楽しみながら人の何倍もの能力を身につけることができます。そして、その能力を自分の強みや売りにすることで、理想の自分像を作り上げていくのです。

この方法で最大の問題は、切り捨てた無能の輪に含まれる能力をどうやって補うのかということです。

これこそが、誰もが成功を確信できることにつながる重要なポイントとなる部分です。

自分で捨てた部分の能力は、その部分の能力を有能の輪とする別の人と組むことで補ってもらうのです。

何か1つ、飛び抜けた才能を持っている人は、多くの人からその能力が求められます。そのとき、自分の欠けている部分を補ってくれる人と組めば、最強のチームを作ることができます。

スタッフ全員が、何かのエキスパートであれば、そのチームの成功は約束されたも同然です。

そしてこれが、成功を確信できる根拠となるのです。

こうして作り上げた理想の自分像を持っていれば、どんな逆境下においても成功を確信できるのでポジティブでいられるというわけです。

有能の輪は誰にでも必ずある

ステップ③は、一言で言うなら適材適所です。

適材適所が必要なことは、すべての組織が知っています。しかし、適材適所ができていない組織のほうが多いのが現実です。

その最大の理由は、スタッフ個々の能力を見極めることができていないからです。大企業になればなるほど、適材適所ができていないのはこのためです。

確かに、スタッフの能力を見極めるのはたやすいことではありません。しかし、ステップ①、ステップ②がクリアできているリーダーであればできるはずです。

最近、私の会社でも、仕事の内容を変えたことによって非常に大きな能力を示し、生き生きと仕事をするようになったスタッフがいます。

彼は当初セールスを担当していたのですが、どうもいい結果が出なかったのです。いろいろアドバイスをしてもダメでした。彼は話もうまいし、顧客に対する対応も丁寧でいいので営業向きに見えるのです。

ところが、大切なところでモチベーションが萎《な》え、頑張れなくなってしまうのです。最初は私もそんな彼の姿を見て、やる気がないんじゃ営業の才能があってもダメではないか……と、あきらめかけたのです。でも、思い直し、彼が喜んでやっている仕事の内容を検討し、思い切って営業から外してCS事業をやらせてみたのです。

すると、これがビックリするほどうまくいったのです。本人は数字のノルマから解放されたと同時に、自分の得意な気配りが生かせ、しかもそれが相手に喜んでもらえるということで、ますます積極的に仕事を進めるようになりました。確かに今は、彼が営業をはずれた分、売上がほんの少しですが減っています。しかし、CS事業部での彼の働きが、今後の売上につながっていくことは確実です。

私の会社はスタッフ数が30人と、さほど多くないので、社長裁量でこうした人事もできますが、大きな企業では、現実にはこうしたことは難しいかもしれません。

それでも、直属の上司と人事担当者が、適材適所という同じ目的意識を持ってコミュニケーションをとっていけば、能力にあった人材配置をすることは決して不可能ではないと思っています。

人材配置で大切なのは、**活躍できない人は、どこかに強みが隠されているという視点を持つこと**、そして**固定観念を外して考えること**です。

たとえば営業の世界では、新規顧客の開拓は若手のセールスマンが、クロージングはベテランのセールスマンがという具合に、それぞれ担当する暗黙のルールができあがっています。

しかし実際には、新規開拓よりクロージングのほうが得意な若手も、クロージングより新規開拓が得意なベテランもいるのです。そういう場合は、若手だから、ベテランだからという固定観念を外して、この人の強みは何なのか、その強みをもっとも生かせるのは何か、ということを考えて配置をすることを心がけるのが大切なのです。

強みと職種が合っていても、それだけではFDNYの隊員に見られるような「仕事に夢中になる能力」が顕現されない場合もあります。

なぜFDNYの隊員たちはあれほど仕事に夢中になるのでしょう。

先ほど例に出した、CS事業部で力を発揮した私の会社のスタッフの場合は、聞いてみると、お客様からありがとうと言われてハートに火がついたということでした。

そうです。人は、その仕事で結果を出せたとき、周囲の人から承認されたとき、または褒められたときに、夢中になるスイッチが入るのです。

ですから上司は、自分が配置した部下がきちんとした結果を出したら、それを承認し、褒めてあげるようにしてください。その一言で、スタッフの仕事ぶりは大きく変わっていきます。

もっと部下を信用しよう

ステップ④は、第8章でその大切さを説いた**権限委譲**です。

ここに書かれているサルカの言葉で私がとても気に入ったのが、**「君が仕事を成し遂げられる**

とは思っていない」と上司に言われることは、部下にとっては屈辱的だというものです。

リーダーは自分の態度と発言が部下にいかに大きな影響を与えているか、もっと強く自覚することが必要です。

部下は、リーダーに信用してもらい、その権限を委譲してもらうことを望んでいます。

確かに権限は、相手が望んでいるからといって、簡単に与えることができるものではありません。なぜなら、権限の委譲にはどうしても危険が伴うからです。それでも、相手を選び、信用し、権限を委譲し、責任もとらせて決断・実行させたほうが部下は成長しますし、パフォーマンスも出してくれます。

このときもっとも悪いのは、心配だからといって管理しすぎることです。

毎日「今日はどうだった」と聞く上司は、自分が部下の面倒を見ている気になっているかもしれませんが、実際には部下に「俺はおまえが信用できない」と毎日繰り返しているようなものなのです。

現場で動いている部下にしたら、何かあればきちんと報告するから、信用してもうちょっと放っておいてほしいと言いたいところでしょう。それなのに管理され続けるので、そのうち、組織は自分をパーツとして使っているにすぎないのだと思うようになり、仕事に対する意欲までも失っていってしまうのです。

もちろん、相手が入社1年目の部下であれば、わからないことのほうが多いので、毎日声をかけて必要な指示やアドバイスを出すことは必要です。しかし、入社5年目の社員も同じように管理してしまうのは間違いです。社会に出て数年経った、自立した社会人であれば、かなり大きな仕事でも責任を持って行うことができます。逆に言えば、そうした機会を与えていかなければ、部下の中にある潜在能力を目覚めさせることはできません。

ですから私は、部下に「日報」を書かせるという日本の企業でよく見られる管理の仕方には反対です。最近、藤本篤志氏の『御社の営業がダメな理由』という本が話題となりましたが、これも日報を書かせ管理することのデメリットを説いたものです。

毎日毎日、その日の行動を上司に報告し、そのたびにこうしろああしろと指示を受け、夜になっても「飲みに行くから、一緒に来い」と命令されたのでは、部下は自分のオリジナリティーを出す余裕がないまま日々が過ぎていくので、何年経っても自立できません。そんなことをしていて、ろくな部下がいないと言うのは、上司のほうが間違っています。

リーダーシップの基本は、部下を信用することなのですから。

自分のやり方を部下に押しつけない

ステップ⑤**フィードバック**では、単に部下を批評・評価するだけではなく、同時に弱点を克服するためのアドバイスを与えることが必要だとサルカは説いています。

アドバイスをする際、リーダーがもっとも犯しやすいミスは、「おまえの現在の達成率は80％だ。あとはここが足りないからこうしなさい」と教えてしまうことです。よいリーダーは決して自分のやり方や意見を押しつけたりはしません。同じような場合でも「今は君は80％しか達成できていない。これを期日までに100％に持っていくにはどうしたらいいと思う？」というように、部下自身に答えを見つけ出させるのです。つまり、コーチングです。

よいフィードバックというのは、部下が目標を達成していたらきちんと認め、目標に達していなければ**相手の潜在能力を引き出すかたちでアドバイスを与える**というものです。

さらに、リーダーに知っておいてほしいのは、優秀な部下の場合、「野放しにすること」もまた、有効なフィードバックになりうるということです。

組織には、それがどんな組織であっても、必ず20対80の法則が当てはまります。これを部下の能力に当てはめると、10人の部下がいたら、できる人が2人、あとは普通とそれ以下ということです。**野放しにしてもいいのは、上位20％に当たる部下だけ**です。

もう少し詳しく見ると、人材は上位20％ができる人、真ん中の60％が普通、下位20％は他のスタッフの足を引っ張ってしまう人、となります。どんなに人数が少なくても多くても、じつはこうした法則は当てはまります。

にもかかわらず、企業は全員に同じような基準で対応しようとしてしまいます。そもそもそこが間違っているのです。上位と下位の人間に同じ権限を与えたり、自由度を与えてはダメなのです。

従来の「徹底管理」というやり方は、じつは下位20％の人材を活用するためのものなのです。彼らは自分の力だけでは結果を出せないので、上司が徹底的に管理することで、パフォーマンスのレベルを維持することが必要です。しかし同じ徹底管理を上位20％の人がされたら、彼らは自分ならではのパフォーマンスができなくなるので、かえって生産性を落としてしまうのです。

ストレッチゴールが各個人ごとに異なるように、フィードバックのしかたも、部下のレベルによって変えていくことが必要だということです。

部下の成長とは何かというと、じつは**習慣の変化**なのです。

習慣は「第2の天性」と言われますが、結局、結果の出せない人というのは、習慣が悪いのです。普通の結果しか出せない人は、よい結果を出す習慣が身についていないのです。そして、よい結果を出す人は、常によりよい習慣を求め自己を変革していく人なのです。だから、よい人材は、ちょっとしたアドバイスやヒントを与えるだけで、または完全に野放しにしておくことで、自分で勝手に習慣をよりよい習慣に更新し、どんどん伸びていくのです。

世界は常に変化している

続くステップ⑥でサル力は、「部下の成長を助ける方法」として、**いまだに明確にされていな**

い目標を達成できるよう、部下に準備させることが必要だと言っていますが、これは別の言い方をすれば、常に来るべき変化に備える心構えを養っておくことの必要性を説いているのです。

サルカは第9章の後半でそれを裏付けるように、**変化の必要性を理解し、その手順に着手し、うまく実行するには、並々ならぬリーダーシップが必要だ**と述べています。

そしてここで、部下を上手に変革へと導いた例として、マーティー・マクティーグ小隊長がラビットツールを導入したときのエピソードを紹介しています。

こうした例を読んだとき、大切なのは、自分たちの立場に置き換えて考えてみる習慣を身につけることです。具体的に言えば、自分にとっての「ラビットツール」は何か、と考えることです。

確かに消防士とビジネスマンでは、職場環境はかなり違います。それでも彼らが最初はラビットツールの有用性になかなか気づかなかったように、私たちの世界にも、とても効果が高いのにまだ認知されていない新しい道具が、私たちが気づいていないだけであるはずだ、と思えるかどうかです。そして、そう思えた人だけが、それに気づくことができるのです。

私の場合、ラビットツールとなったのは「ブログ」でした。

今から3年ほど前、私が最初の著書『加速成功』を出版したときのことです。当時無名だった私の本を買ってくださった方にお礼をしたいと考え、読者を対象に出版記念無料セミナーを開催しました。セミナーは好評で、600人もの人が会場に来てくださいました。その晩、私は何の気なしにインターネットの検索エンジンで「加速成功」という言葉を検索してみたのです。

加速成功という言葉は私の造語なので、それまでは検索してもまったくヒットしませんでした。それがセミナーを開催したその日の晩には、何十件ものヒットが出たのです。

ビックリして各項目を確認していくと、それはほとんどが、個人のブログに書かれた、その日の私のセミナーの感想だったのです。

当時はまだ「ブログ」を書いている人は2万人ほどしかなく、一般的には「ブログって何？」と言われるような時代でした。私自身もこの検索を通して、ブログの実態を知ったぐらいでした。

でもこの瞬間、これは直感だったのだと思いますが、私は「これだ！」と確信したのです。翌日にはすぐ、スタッフにブログを立ち上げるよう指示を出し、その活用の可能性の検討にもとりかかりました。

最初の2ヵ月ほどは、何も変化は起こりませんでした。しかし、3ヵ月が過ぎたころ、ブログの社会的認知がものすごい勢いで進み始め、社会現象にまで発展しました。入念な準備をしていたおかげで、私の開いたブログは、2年で全ブログのベストテン・ランキングに入ることができました。その後の出版や、雑誌掲載記事、イベントやセミナーなどさまざまな情報の発信や、その反響をブログを通してリアルタイムで受け取ることができるようになったのです。

ネット書店の最大手アマゾンで『加速成功』がいまだにロングセラーとなっているのも、ブログとの連携があってこその結果です。

このように、どのような業界、職種にも必ずラビットツールは潜在しています。ちなみに、私が今、次のラビットツールだと確信して進めているのが、まだ未知数の部分が多い「ポッドキャスト」です。これが本当に第2のラビットツールになってくれるのかどうかはわかりません。それでも、ラビットツールになると信じて準備を進めておくことが、リーダーには必要なのだと思います。

常に未来を見つめ、変化を歓迎する姿勢を持つことも、リーダーの大切な資質の1つだからです。

監修者あとがき

本書を読了された読者の方々には、ＦＤＮＹのリーダーシップの掟、「真っ先に飛び込み、最後まで残れ」が、単に火災現場におけるリーダーの行動を規定したものではなく、すべての業務において、常にリーダーが率先力を発揮し、模範となることの必要性を説いているものだということが、おわかりいただけたことと思います。

率先垂範は、リーダーシップの要と言ってもいい部分です。

しかし、私が本書でもっとも感銘を受けたのは、エモーショナル・コントロール、つまりリーダーシップを発揮するために必要不可欠な要素としての「感情のコントロール」について述べられた部分でした。

私は、本書ほど、感情のコントロール、とくにマイナス感情のコントロールについて、自己の経験を交え真摯に語っているリーダーシップ論に、いまだかつて出会ったことはありません。

とくに、ビリーという若く有能な消防士にサルカが嫉妬を感じ、それを乗り越えていく過程は、衝撃的でさえありました。私はここで、自己のマイナス感情に向かい合い、対処していく「セルフコントロール能力」がリーダーには求められているのだということを、改めて学びました。

リーダーは、常に自分がトップでなければならないという意識を持っています。しかし実際には、自分より能力ある部下が現れたり、ライバルが躍進したりと、必ずしも思い通りにいかないことも多々あります。そうしたときに、自分の感情にどのように対処していくのか、それこそがある意味で究極のリーダーシップだったのです。

そのカギは、最後の最後で、自分自身の満足感よりも組織のミッションを優先できるかどうかにかかっています。

リーダーの資質を持った人というのは、多くの場合強い自我を持っています。そのため、ときには自己中心的、わがままと見られることもあります。しかし、自己満足を追求しながらも、最終的には自己満足以上のこと、つまり組織のミッションに駆り立てられることのできる人が真のリーダーなのです。

もちろん自己の満足を捨てる必要はありません。いいえ、自己の満足を捨ててしまってはいけません。自分が自我を捨てれば、無意識に部下にも同じことを求めてしまうからです。それでは部下は自己実現への道を歩むことはできなくなってしまいます。

この世はゼロサムゲームではありません。

自我を捨てて組織のミッションに生きるのではなく、自我を大切にしながら、それ以上に、たった1%でもよいので、それ以上に組織のこと、チームのことを考えられる人が優秀なリーダーとなり得るのです。

1冊の完成された本があり、それに解説と自分なりの考察を加え新たな本に仕上げるという試みは、私にとって初めてのものでした。いろいろと難しい部分もありましたが、この著作を深く読む作業は、私により深くリーダーシップについて考える機会を与えてくれました。

本書を作り上げる作業の中で、私は1冊の本と深く向き合うことの大切さを学びました。読書は1度目よりも2度目、2度目よりも3度目に読んだときのほうが多くの発見が得られるものです。

読者の方々も、ぜひ本書を繰り返し読み、できることなら周囲の人々、部下や同僚などと本書をシェアし、それをきっかけに双方向コミュニケーションを楽しんでいただければと思います。

教えることは学ぶことです。

互いに高め合い、リーダーとしてぜひ一緒に活躍していただきたいと思っております。

本書がその一助となれば、監修者としてこれほどうれしいことはありません。

2007年3月

道幸武久

構成　板垣晴己

人《ひと》を動《うご》かす火事場《かじば》の鉄則《てっそく》
二〇〇七年四月十九日　第一刷発行
著者――ジョン・サルカ
監修――道幸武久《どうこうたけひさ》
訳者――甲斐理恵子《かいりえこ》
装幀――重原　隆

発行者――野間佐和子　発行所――株式会社講談社
東京都文京区音羽二丁目一二―二一　郵便番号一一二―八〇〇一
電話　編集〇三―五三九五―三八〇八　販売〇三―五三九五―三六二二　業務〇三―五三九五―三六一五
印刷所――慶昌堂印刷株式会社　製本所――島田製本株式会社
本文データ制作――講談社プリプレス制作部
落丁本・乱丁本は、購入書店名を明記のうえ、小社業務部あてにお送りください。送料小社負担にてお取り替えします。
この本についてのお問い合わせは学芸局（翻訳）あてにお願いいたします。
ISBN978-4-06-213454-5
定価はカバーに表示してあります。

本田靖春の本

『戦後の巨星　二十四の物語』

戦後日本をつくったスターたちが、孤高のジャーナリストにだけ明かした「胸のうち」があった。長島茂雄、美空ひばり、中上健次、ビートたけし、手塚治虫、中内㓛、阿佐田哲也……一貫して戦後を問い続け、病魔と闘い逝ったノンフィクション巨匠の異色対談集。

定価：本体2000円（税別）

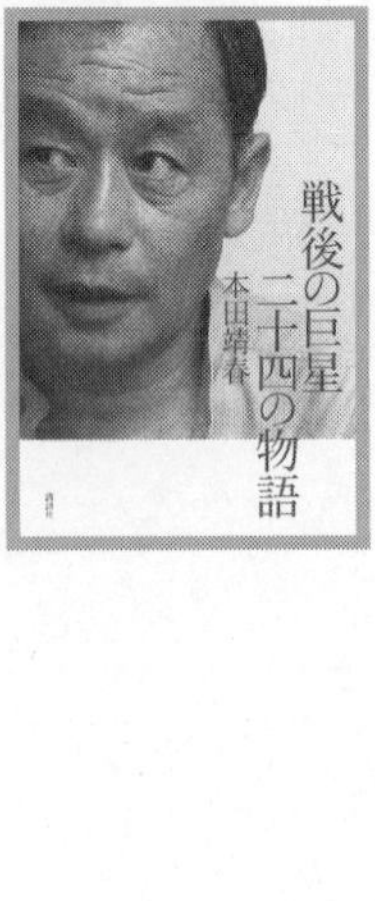

『我、拗ね者として生涯を閉ず』

「これを書き終えるまでは死なない、死ねない」だが、最終回を残して、月刊『現代』の連載は絶筆となった……。読売新聞社会部エースとして名を馳せ、独立後は『不当逮捕』『誘拐』『警察回り』『疵』などの名作を生んだジャーナリストの凄絶な生と死。

定価：本体2500円（税別）

定価は変更される場合があります